임진왜란 초기에 경주 집경전의 태조 어진을 옮긴 사실
1592년 4월 13일부터 7월 17일까지 참봉 정사성의 피란일기

지헌 임진일록

芝軒 壬辰日錄

鄭士誠 원저 · 申海鎭 역주

보고사
BOGOSA

머리말

이 책은 지헌(芝軒) 정사성(鄭士誠)이 임진왜란 때 경상북도 경주(慶州)의 집경전 참봉(集慶殿參奉)으로서 태조(太祖) 이성계(李成桂) 어진(御眞)을 가지고 피란한 사실을 기록한 일기를 번역하였다. 《지헌집(芝軒集)》 권3 〈잡저(雜著)〉에 수록된 32면 정도의 '임진일록(壬辰日錄)'으로 된 부분이다. 1592년 4월 13일부터 7월 17일까지의 전란 상황을 기록한 것인데, 그 이후의 기록도 있었으나 일실되었다. 그렇더라도 임진왜란이 일어나 부산 및 경상남도 일대가 함락되면서 정사성이 경주의 집경전에 있던 태조 이성계의 어진을 가지고 단양(丹陽)과 제천(堤川)까지 피란갔다가 길이 막혀 되돌아와서 예안(禮安) 청량산(淸涼山) 깊은 골짜기로 우여곡절 끝에 옮기는 과정을 날짜별로 기록한 것은 확인할 수 있다. 뿐만 아니라 왜적이 동래를 함락하여 승승장구 서울로 진격하는 과정, 그에 따른 아군의 패배, 백성들의 수많은 피해, 선조(宣祖)의 몽진, 도둑들의 출현, 가족들에 대한 걱정, 흉흉한 민심 등에 대해 전해들은 것들을 소상하게 기록하였다.

《지헌집》은 4권 2책의 목판본이다. 정사성의 증손자 정선(鄭鐥)이 수합한 시문을 바탕으로 6세손 정중묵(鄭重默)과 정중섭(鄭重燮)

등이 수집하고 편차하여 이수정(李守貞, 1709~1795)의 서문과 정내성(鄭來成, 1744~1835)의 발문을 붙여 1821년에 간행한 것이다. 정내성은 병조참판과 한성부 좌윤 등을 지냈는데, 바로 정중섭의 아들이다.

대산(大山) 이상정(李象靖, 1711~1781)이 지은 〈행장〉에 의하면, 정사성(鄭士誠, 1545~1607)의 본관은 청주(淸州), 자는 자명(子明), 호는 지헌(芝軒)이다. 김언기(金彦璣)에게 수학하였으며, 구봉령(具鳳齡)과 김팔원(金八元)에게 옮겨서 배우다가 1561년 이황(李滉)의 문하에 들어갔다. 1568년 증광시 진사에 입격하였다. 1587년 유일(遺逸)로 천거되어 태릉 참봉(泰陵參奉)에 나아갔다가 1589년에 사퇴하고 낙향하였고, 1591년 다시 집경전 참봉(集慶殿參奉)이 되었다. 임진왜란이 발발하자 홍여율(洪汝栗)과 함께 태조 이성계의 어진(御眞)을 받들고서 강원, 충청, 경상도 지역의 산간 험준한 곳에까지 피란 갔다가 되돌아오는 우여곡절 끝에 그 어진을 예안의 백동서당에 봉안하였다. 홍여율보다 뒤늦게 정사성은 내섬시 주부(內贍寺主簿)와 양구 현감(楊口縣監)에 제수되었다. 그러나 모친이 늙었다는 이유로 사직하고 돌아왔다. 1597년 정유재란이 일어나자 의병을 일으켜 창녕(昌寧)의 화왕산성(火旺山城)에서 곽재우(郭再祐)와 더불어 왜적과 싸웠다. 1607년 향년 63세로 세상을 떠난 후로 옥계서원(玉溪書院)에 제향, 그 뒤 철향(撤享)되었다가 1779년 학암리사(鶴巖里祠)에 제향 되었다.

한편, 정사성은 홍여율과 함께 태조 이성계의 어진을 간난신고

끝에 예안에다 봉안한 과정은 《지헌 임진일록》에 상세히 기록되어 있지만, 그들의 공로를 인정하는 과정은 목불인견의 모양새다.

❶ 비변사가 아뢰기를, "집경전 참봉(集慶殿參奉) 홍여율(洪汝栗)은 수용(睟容)을 위호(衛護)하기를 조금도 게을리 하지 않아서 전일 본도로부터 온 자들이 그의 충성됨을 칭찬한 자가 많았습니다. 이제 첫 번째 보고를 보건대 매우 가상하니 6품(品)으로 초서(超敍)하여 본임(本任)을 살피게 하소서." 하니, 상이 그대로 따랐다.(《선조실록》 1592년 11월 6일 5번째 기사)

❷ 대사헌 김늑(金玏)이 아뢰기를, "집경전(集慶殿)의 어용(御容)이 지금 예안(禮安) 이황(李滉)의 서당에 있는데 방이 협착하고, 참봉(參奉)이 거처하는 곳이 봉안(奉安)한 곳과 너무 가까우며, 산승(山僧)을 시켜 밥을 지어 먹이므로 연기가 끼니 매우 미안합니다. 왜적이 만약 바다를 건너간 뒤 그대로 그곳에 봉안한다면 날씨가 춥기 전에 수리해야 할 텐데, 반드시 조정에서 결정을 한 다음에야 될 것입니다." 하니, 상이 이르기를, "예조가 의논하여 처리하라." 하였다. 김늑이 아뢰기를, "당초 참봉 홍여율(洪汝栗)이 제천(堤川)으로 어용을 모시고 오는데 왜적들이 가득하고 도로가 막혀서 도로 예안으로 돌아갔습니다. 그때 정사성(鄭士誠)은 사고가 생겨 오지 않았는데도 여율과 함께 상을 받았습니다. 인심이 매우 흉악하여 뜻밖의 변고가 있을까 염려하여 여율이 수복(守僕) 두 사람, 산승

(山僧) 두 사람과 함께 시종 보호하였습니다. 신이 그 지역에 왜적이 접근했다는 소문을 듣고 달려가 보니 여율이 수복 및 산승과 함께 어용을 짊어지고 왔으므로 도중에서 서로 만나 통곡하고 신이 여율에게 청량산(淸涼山)으로 가서 피하도록 하였습니다. 그간 여율이 성의를 다하였으니 그 공로가 큽니다. 그런데 정사성 또한 승진의 명을 받았으니 그 까닭을 모르겠습니다. 산승 및 수복의 이름을 신이 기억하지 못하겠으나 바쁘게 애쓴 공은 상을 주어 격려하는 일이 있어야 옳을 듯합니다." 하니, 상이 이르기를, "이 말이 매우 옳으니, 유사(攸司)로 하여금 살펴서 거행하도록 하라. 어수선한 전쟁 때를 당하여 여율이 성의를 다해 봉안한 일은 나도 알고 있다. 그 성의가 어찌 우연한 것이겠는가." 하였다.(《선조실록》 1595년 7월 18일 1번째 기사)

❸ 좌참찬 홍진(洪進)이 차자를 올리기를, "신은 아들이 죽었다는 소식을 들은 뒤로부터 정신이 아득하여지고 질병이 깊어져가니 본직과 겸직을 체직하여 주소서." 하니, 차자에 답하기를, "경이 아들을 잃었다는 소식을 들으니, 참으로 측은하다. 일찍이 경의 아들이 국사를 위해 온 정성을 다 기울였다고 들었었다.【진(進)의 아들 이름은 홍여율(洪汝栗)이다. 사람됨이 간사하고 영악하며 흉물스러웠다. 정사성(鄭士誠)과 함께 집경전 참봉(集慶殿參奉)이 되었는데, 임진왜란에 정사정이 앞장서 창도하여 영정(影幀)을 짊어지고 단양(丹陽)과 제천(堤川) 사이에서 왜적을 피했었다. 그 뒤 여율이 아버지가

있는 행조(行朝)에 은밀하게 내통하여 때때로 발설하기를 '여율이 함께 일하던 관료가 도망친 뒤에 온 힘을 다 기울여 보호하여 영정이 화를 면하였다.'고 하였다. 이에 정사성은 도리어 벼슬에서 쫓겨나고 여율은 홀로 승진되었으므로, 사람들이 모두 간교하게 다른 사람을 죄에 빠뜨렸다고 하였다. 그런데도 어떤 간특한 재상이 경연에서 여율이 진력한 것처럼 아뢴 까닭에 상께서 이와 같이 전교한 것이다.】 나도 그래서 애석하다. 수명의 길고 짧음에는 운명이 있고 아들을 잃는 액운은 옛 성현들도 면치 못하던 바이니, 경은 의당 마음을 너그럽게 가져야 할 것이다. 경이 병을 앓는다 하기에 약방제조(藥房提調)를 체직하는 바이니, 경은 잘 이해해야만 할 것이다." 하였다. (《선조실록》 1600년 10월 12일 2번째 기사)

이러한 기록에서 보이는 공로 다툼의 과정에 대해 논하는 것은 차치하더라도, 《선조실록》의 마지막 인용문에 있는 협주의 내용은 이상정이 지은 〈행장〉에 의하면 1594년 이조(吏曹)에서 아뢴 내용에 기반한 것으로 보인다. 오늘날 공적 기록물로서 최고의 인용 가치를 지니는 '실록'에서 확인할 수 없는 내용이 개인의 기록물에서는 확인할 수 있다. 따라서 인위적으로 책정한 등급에 따라 기록물의 가치를 일률적으로 바라보는 시선은 참으로 위험함을 알 수 있다. 설령 아흔아홉 가지가 거짓된 것이고 한 가지가 참이라 하더라도, 그 한 가지의 사실과 진실을 우리는 주목하고 축적해야 할 것이다. 사실과 부합하지 않은 내용이 몇 가지 있다 하여, 그 고문

헌의 가치를 너무도 안이하게 쉬 단죄하고 배척하는 풍토가 아쉽기만 하다.

이 책을 통해 임진왜란 초기 피란일기의 또 다른 실상을 보여주면서, 전란을 겪는 당대의 미세하고 다양한 움직임이라도 제대로 파악될 수 있도록 애썼다. 한결같이 하는 말이지만 나름대로 최선을 다하고자 했으나 여전히 부족할 터이라 대방가의 질정을 청한다. 그리고 편집을 맡아 수고해 주신 보고사 가족들의 노고에 심심한 고마움을 표한다.

2021년 2월 빛고을 용봉골에서

무등산을 바라보며 신해진

차례

머리말 / 3
일러두기 / 14

• 번역

지헌 임진일록

만력 임진년

4월 ······ 17

13일 임인 … 17
14일 계묘 … 17
15일 갑진 … 17
16일 을사 … 18
17일 병오 … 19
18일 정미 … 19
19일 무신 … 19
20일 기유 … 20
21일 경술 … 20
22일 신해 … 21
23일 임자 … 23
24일 계축 … 23
25일 갑인 … 24
26일 을묘 … 24
27일 병진 … 24
28일 정사 … 24
29일 무오 … 25
30일 기미 … 25

5월 ······ 26

1일 경신 … 26
2일 신유 … 26
3일 임술 … 27
4일 계해 … 27
5일 갑자 … 28
6일 을축 … 29
7일 병인 … 29
8일 정묘 … 30
9일 무진 … 30
10일 기사 … 30
11일 경오 … 31
12일 신미 … 31

13일 임신 … 31 14일 계유 … 32 15일 갑술 … 33
16일 을해 … 34 17일 병자 … 35 18일 정축 … 36
19일 무인 … 36 20일 기묘 … 36 21일 경진 … 37
22일 신사 … 38 23일 임오 … 38 24일 계미 … 39
25일 갑신 … 39 26일 을유 … 40 27일 병술 … 40
28일 정해 … 40 29일 무자 … 40

6월 …… 41

1일 기축 … 41 2일 경인 … 41 3일 신묘 … 41
4일 임진 … 41 5일 계사 … 41 6일 갑오 … 42
7일 을미 … 42 8일 병신 … 42 9일 정유 … 43
10일 무술 … 43 11일 기해 … 43 12일 경자 … 43
13일 신축 … 43 14일 임인 … 44 15일 계묘 … 44
16일 갑진 … 44 17일 을사 … 44 18일 병오 … 44
19일 정미 … 45 20일 무신 … 45 21일 기유 … 45
22일 경술 … 45 23일 신해 … 45 24일 임자 … 45
25일 계축 … 46 26일 갑인 … 46 27일 을묘 … 46
28일 병진 … 46 29일 정사 … 46

7월 …… 46

1일 무오 … 46 2일 기미 … 47 3일 경신 … 47
4일 신유 … 47 5일 임술 … 47 6일 계해 … 47
7일 갑자 … 47 8일 을축 … 48 9일 병인 … 48
10일 정묘 … 48 11일 무진 … 48 12일 기사 … 48
13일 경오 … 49 14일 신미 … 49 15일 임신 … 49
16일 계유 … 49 17일 갑술 … 49

부록

어진 모시고 피란한 일을 경상도관찰사에게 보고한 글 ······ 53
제천에 도착하여 충청도관찰사에게 보고한 글 ······ 57
지헌 정선생 행장 ······ 59

•원문과 주석

芝軒 壬辰日錄

萬曆 壬辰

四月 ······ 69

十三日壬寅 … 69　十四日癸卯 … 70　十五日甲辰 … 70
十六日乙巳 … 70　十七日丙午 … 72　十八日丁未 … 73
十九日戊申 … 73　二十日己酉 … 74　二十一日庚戌 … 74
二十二日辛亥 … 75　二十三日壬子 … 77　二十四日癸丑 … 77
二十五日甲寅 … 77　二十六日乙卯 … 77　二十七日丙辰 … 78
二十八日丁巳 … 78　二十九日戊午 … 79　三十日己未 … 80

五月 ······ 80

初一日庚申 … 80　初二日辛酉 … 81　初三日壬戌 … 81
初四日癸亥 … 81　初五日甲子 … 82　初六日乙丑 … 83
初七日丙寅 … 83　初八日丁卯 … 84　初九日戊辰 … 84
初十日己巳 … 85　十一日庚午 … 85　十二日辛未 … 85
十三日壬申 … 86　十四日癸酉 … 87　十五日甲戌 … 88
十六日乙亥 … 89　十七日丙子 … 90　十八日丁丑 … 91

十九日戊寅 … 92 二十日己卯 … 92 二十一日庚辰 … 93
二十二日辛巳 … 93 二十三日壬午 … 94 二十四日癸未 … 95
二十五日甲申 … 95 二十六日乙酉 … 95 二十七日丙戌 … 95
二十八日丁亥 … 96 二十九日戊子 … 96

六月 …… 97

初一日己丑 … 97 初二日庚寅 … 97 初三日辛卯 … 97
初四日壬辰 … 97 初五日癸巳 … 98 初六日甲午 … 98
初七日乙未 … 98 初八日丙申 … 98 初九日丁酉 … 99
初十日戊戌 … 99 十一日己亥 … 99 十二日庚子 … 99
十三日辛丑 … 100 十四日壬寅 … 100 十五日癸卯 … 100
十六日甲辰 … 100 十七日乙巳 … 100 十八日丙午 … 100
十九日丁未 … 101 二十日戊申 … 101 二十一日己酉 … 102
二十二日庚戌 … 102 二十三日辛亥 … 102 二十四日壬子 … 102
二十五日癸丑 … 102 二十六日甲寅 … 102 二十七日乙卯 … 102
二十八日丙辰 … 103 二十九日丁巳 … 103

七月 …… 103

初一日戊午 … 103 初二日己未 … 103 初三日庚申 … 103
初四日辛酉 … 104 初五日壬戌 … 104 初六日癸亥 … 104
初七日甲子 … 104 初八日乙丑 … 104 初九日丙寅 … 105
初十日丁卯 … 105 十一日戊辰 … 105 十二日己巳 … 105
十三日庚午 … 105 十四日辛未 … 105 十五日壬申 … 106
十六日癸酉 … 106 十七日甲戌 … 106

附錄

陪晬容避亂事, 稟報本道監司狀 ······ 109
到堤川, 稟報忠淸監司狀 ······ 111
芝軒 鄭先生行狀 ······ 112

찾아보기 / 121

[영인자료]
지헌 임진일록(芝軒 壬辰日錄) / 186
배수용피란사품보본도감사장(陪晬容避亂事稟報本道監司狀) / 148
도제천품보충청감사장(到堤川稟報忠淸監司狀) / 142
지헌 정선생행장(芝軒鄭先生行狀) / 140

일러두기

이 책은 다음과 같은 요령으로 엮었다.

01. 번역은 직역을 원칙으로 하되, 가급적 원전의 뜻을 해치지 않는 범위 내에서 호흡을 간결하게 하고, 더러는 의역을 통해 자연스럽게 풀고자 했다. 다음의 기존 번역서가 참고되었다.

'정사성의 행장': 《大山集》 제49권 〈芝軒鄭先生行狀〉(한국고전번역원)

02. 원문은 저본을 충실히 옮기는 것을 위주로 하였으나, 활자로 옮길 수 없는 古體字는 今體字로 바꾸었다.

03. 원문표기는 띄어쓰기를 하고 句讀를 달되, 그 구두에는 쉼표(,), 마침표(.), 느낌표(!), 의문표(?), 홑따옴표(' '), 겹따옴표(" "), 가운데점(·) 등을 사용했다.

04. 주석은 원문에 번호를 붙이고 하단에 각주함을 원칙으로 했다. 독자들이 사전을 찾지 않고도 읽을 수 있도록 비교적 상세한 註를 달았다.

05. 주석 작업을 하면서 많은 문헌과 자료들을 참고하였으나 지면관계상 일일이 밝히지 않음을 양해바라며, 관계된 기관과 여러분들께 진심으로 감사드린다.

06. 이 책에 사용한 주요 부호는 다음과 같다.

1) (　　) : 同音同義 한자를 표기함.
2) [　　] : 異音同義, 出典, 교정 등을 표기함.
3) "　　" : 직접적인 대화를 나타냄.
4) '　　' : 간단한 인용이나 재인용, 또는 강조나 간접화법을 나타냄.
5) 〈　　〉 : 편명, 작품명, 누락 부분의 보충 등을 나타냄.
6) 「　　」 : 시, 제문, 서간, 관문, 논문명 등을 나타냄.
7) 《　　》 : 문집, 작품집 등을 나타냄.
8) 『　　』 : 단행본, 논문집 등을 나타냄.

|번역|

지헌 임진일록

만력 임진년

• 4월

13일 임인。

오전 7시 경에 듣건대, 왜선 300여 척이 절영도(絶影島)에 나타나더니 곧바로 육지로 내려왔는데, 경주 부윤(慶州府尹) 윤인함(尹仁涵)이 군사를 거느려 울산(蔚山)으로 가서는 머물러 있을 뿐이지 군사를 거두어 돌아오지 않고 있다 하였다.

14일 계묘。

아침에 듣건대, 13일 왜적이 부산포(釜山浦)를 함락하면서 진장(鎭將: 부산포첨절제사 鄭撥)이 전사했는데도 병사(兵使: 경상좌병사 李珏)는 울산(蔚山)에 머무르고만 있다 하였다.

15일 갑진。

첫새벽에 듣건대, 어제 오시(午時: 낮 12시 전후)에 왜적이 또 동래(東萊)를 함락하여 부사(府使: 송상현)가 죽었다고 하였다.

16일 을사.

감사(監司: 경상감사 金睟)가 양산 군수(梁山郡守: 趙英珪)와 울산 군수(蔚山郡守: 李彦諴)를 조방장(助防將)으로 정하여 보냈지만 모두 전사하였다. 병사(兵使: 경상좌병사 이각)가 언양(彦陽)으로 퇴각하면서 왜적의 칼날이 몹시 날카로워지자, 경주 부윤(慶州府尹: 윤인함)이 어찌할 바를 몰라서 진전(眞殿: 慶州 集慶殿)의 영정(影幀: 태조 이성계의 초상화)에 관한 일로 감사에게 보고하였으나 회답이 오지 않았다.

같은 직임을 맡은 홍여율(洪汝栗: 경주 집경전 참봉)이 말했다.

"마땅히 내전(內殿)의 깨끗한 땅에 묻어둡시다."

내가 모시고 경성(京城)으로 가야한다는 뜻으로 다투니, 홍여율이 말했다.

"조정의 명이 없이는 모시고 경성으로 갈 수가 없습니다."

내가 또 다투며 말했다.

"모시고 경성으로 가야하는데 진실로 조정의 명이 없다고 해서 영정을 묻어두는 것이 과연 조정의 명이란 말인가? 이미 머물러 조정의 지휘를 기다리며 머물 수가 없었는데 성용(聖容: 影幀)을 묻어두는 것은 신하 된 자가 차마 하지 못할 일이라네. 만약 나중에 멋대로 옮긴 것이 죄가 된다면 내가 그 죄를 감당하겠네."

마침내 영정을 옮겨 모실 계획을 결정하여 참봉(參奉) 2명 및 수복(守僕: 陵寢의 청소부) 30여 명이 모시고 와서 안강(安康)에 묵었다.

17일 병오。

영천(永川)에 도착하여 영정을 관사(館舍)에 받들어 안치하였다.

○ 저녁에 용궁 현감(龍宮縣監) 우복룡(禹伏龍)이 예천(醴泉)과 용궁(龍宮)의 관군을 이끌고 영천 길가에 머무르다 지나갔다.

○ 밤에 안동 판관(安東判官: 尹安性)이 관군을 거느리고 지나갔다.

18일 정미。

머물러 있었더니, 군수(郡守: 영천군수) 김윤국(金潤國)이 병영(兵營)에서 돌아왔다.

○ 감사(監司: 김수)의 관문(關文: 공문서) 안에, 왜적이 장차 죽령(竹嶺)을 향하니 연로(沿路)의 각 관아는 요해처에 매복병을 두라고 하고, 촌백성들은 땅을 파서 재물을 감추고 쌀과 소금을 가지고 산속으로 들어가는 일에 대해 명령을 내려 알려주었다. 그러나 김윤국은 문을 닫아걸고서 군졸까지 가두어 안팎이 통하지 않자, 사람을 보내어 적정을 탐지하도록 권하였으나 받아들여 쓰이지 않았다.

○ 저녁에 안동 부사(安東府使) 정희적(鄭熙績)이 군사를 거느리고 영천(永川) 길가에 왔다.

19일 무신。

머물러 있었다.

○ 진시(辰時: 아침 8시 전후)에 참봉 등이 도로에서 봉행절목(奉行節目)을 취품(取稟: 여쭙고 기다림)하는 일로 첩정(牒呈: 상급관아로 올리

는 공문서)을 안동(安東)의 공사리(公事吏: 공문서 담당 아전) 최구지(崔仇知)에게 부탁하여 감사(監司: 김수)에게 보냈으나, 본도(本道)의 각 관아에서 정탐한 전통(傳通: 전언통신)이 오지 않아 근심스러웠다.

20일 기유。

안동 부사(安東府使: 정희적)가 상도(上道: 안동을 중심으로 경상북도 북부지역)로 영정을 옮기도록 권하였으나, 참봉 등이 어제 아침에 겨우 감영(監營)에 보고하여서 우선 감사(監司: 김수)의 답신을 기다린 다음에 행해야 한다고 대답했다.

○ 전통문(傳通文: 상급기관에서 내려보내온 공문)이 오지 않았다. 아침에 수복(守僕: 陵寢의 청소부) 여덟아홉 명이 제기(祭器)와 제복(祭服)을 짊어지고 오는 일 때문에 샛길을 따라 경주(慶州)로 갔다.

21일 경술。

전통문(傳通文)이 오지 않았는데 남풍이 크게 불어 날씨마저 변덕스러우니, 부사(府使: 안동부사 정희적)가 말했다.

"이렇게 에는 듯한 날씨에 빨리 빨리 피해 가시오."

그래서 상의하려는 즈음, 하양(河陽)과 경산(慶山) 등 관아에서 온 문서에 전통문이 막혀 끊기고 청도(淸道)를 정탐한 것에 의하면 밀양(密陽)이 이미 함락되어 청도 또한 텅 비었다고 하였다.

○ 경주 부윤(慶州府尹: 邊應星)과 방어사(防禦使: 좌방어사 成應吉)의 첩정(牒呈: 상급관아로 올리는 문서)에서 20일 신시(申時: 오후 4시

전후)에 언양성(彦陽城)이 함락되었다고 하였다.

○ 안동(安東)의 공사리(公事吏: 공문서 담당 아전) 최구지(崔仇知)가 되돌아와서 말했다.

"오늘 식시(食時: 아침 8시 전후)에는 감사(監司: 김수)가 왜적에게 쫓기자 변복(變服)해서 가야산(伽倻山)에 들어갔고, 어제 낮에는 감사의 군관(軍官: 金敬訥인 듯)과 전 우후(前虞候)가 와서 대구의 관청(官廳)과 사창(司倉: 군량미 보관소)을 불질렀습니다."

○ 경주(慶州)를 갔다 온 수복(守僕)이 말했다.

"오늘 식시(食時: 아침 8시 전후)경 산에 올라가 멀리 보니, 경주의 성안에 연기와 불꽃이 하늘을 덮고 있었습니다."

부사(府使: 안동부사 정희적)가 상의하며 말했다.

"왜적들이 이미 좌도(左道)와 우도(右道)로 나뉘어 올라와 좌도는 이미 경주(慶州)에 도착했고 우도는 이미 대구(大邱)에 도착했는데, 안동(安東)이 잘 알려진 길목이라 힘을 합하여 같이 공격할 곳이 될까 두려우니, 어느 곳으로 향해야 한단 말이오?"

한참 동안 상의하다가 허둥지둥 말을 타고서 청송(靑松)의 산골짜기로 들어가려 했지만 해가 지고 먹구름이 감도는데다 길이 험하였기 때문에 다시 큰길로 나와 신녕(新寧)을 거쳐서 밤새도록 내달렸다.

22일 신해。

금곡역(金谷驛: 牛谷驛의 오기)에 도착하자 사람과 말이 굶주리고 지쳐서 잠시 동안 머물렀다가 올라오는데, 경주성이 함락되었다는 장계(狀啓)가 지나갔다. 청로역(青路驛)에 미처 이르기 전에 조방장(助防將: 朴宗男)을 만났는데, 단지 군관(軍官)만을 대동하고 내려갔다. 부사(府使: 안동부사 정희적)는 길가에 주둔하고 있던 군대를 넘겨주는 일 때문에 뒤떨어져 오지 않더니 그대로 조방장에게 잡혀서 머물렀다.

참봉 등이 단지 의장군(儀仗軍) 10여 명과 군관(軍官) 네댓 명을 데리고 올라왔는데 청로역을 지나서 아직 의성(義城)까지 5리 정도 미치지 못했을 때, 부사가 보낸 군관이 말을 타고 달려와서 알려주었다.

"조방장의 말씀에 어제 상주(尙州)와 함창(咸昌)의 군사 400여 명이 인동(仁同) 지경에서 왜적에게 해침을 당하여, 왜적들이 인동으로 해서 가려고 하니 부디 빨리 내달려가라고 하셨습니다."

인동과는 단지 두어 참 쉬면 갈 수 있는 거리라, 이 말을 들은 뒤에 의장군(儀仗軍)과 군관(軍官) 등은 모두 뒤떨어져 흩어지려고 하더니 미처 의성현(義城縣)에 도착하기도 전에 군인들은 모두 흩어지고 말았다. 미처 어떻게 할 수 없는 급작스런 사이라 어찌할 바를 모르다가 급히 영정(影幀)을 받들어 군관 한 명으로 하여금 지고 먼저 달아나도록 하고는, 의장(儀仗: 격식을 갖추는 물건)들을 버려야 했지만 처치하여 없앨 곳이 없어서 부득이 그것들을 소각하고 몹시 슬피 울었다. 함께 산골짜기로 향하여 동쪽으로 주왕산(周王山)에 들어가려고 했으나 군관 등이 점점 도망가 버려서, 이에

유둔(油芚: 두꺼운 기름종이)을 싸서 묶어 말에 실었지만 수복(守僕: 능침 청소부) 등이 말에게 여물 먹이는 일로 모두 뒤에 떨어져서 서로 헤어졌다. 단지 노비 1명과 수복 3명이 남아 있어 어찌할 방법이 없어서 허둥지둥 정신이 흐려지고 어지러워 할 즈음에 의성 현령(義城縣令: 李汝溫)을 만나니, 병영(兵營)에 군인들을 넘겨주고 돌아오는 길로 영정을 받들어 모처(某處)로 가라고 권하였다.

처음에는 주왕산에 숨으려고 하다가 또 성산(星山)에 숨으려고 했지만 왜적들의 선봉부대가 치달려 와서 찾을까 또 염려할 즈음, 모습과 자취가 너무나 노출되어 샛길을 따라 고개를 넘어서 상경하는 것만 못하였기 때문에 의성(義城)에서 안동(安東)을 지나면서도 고향집에 들르지 않았다. 영천(榮川: 榮州) 땅을 따라 산과 들의 작은 길을 지나면서 산사(山寺)에 머물러 자기도 하고 두메산골의 민가에서 자기도 하며 험난하게 고개를 넘어야 했다.

23일 임자。

산사(山寺)에 머물러 잤는데, 탁자를 설치하여 영정을 받들어 모셨다.

24일 계축。

두메산골의 민가에서 머물러 잤는데, 정결한 곳을 찾아서 영정을 봉안하였다.

25일 갑인。

영춘(永春)을 지나서 상현(上縣)에 머물러 잤다.

26일 을묘。

낮 무렵 제천(堤川)에 도착하니, 대가(大駕)가 서쪽으로 파천했다는 소식을 들었고 길도 또한 오랑캐에 의해 막혀버려서 앞으로 나아갈 방법이 없었다. 이러한 사정 때문에 영정을 봉행하는 절차를 충청감사(忠淸監司, 협주: 감사는 尹先覺이다.)에게 보고하였다.

27일 병진。

머물러 있었더니, 낮에 주수(主倅: 제천현감 韓護인 듯)가 봉심례(奉審禮: 영정을 받들어서 향을 올리고 축문을 고하는 의례)를 행하였다.

28일 정사。

머물러 있었더니, 사시(巳時: 오전 10시 전후)에 주수(主倅)가 단양(丹陽)의 죽령(竹嶺)으로 달려갔다.

○ 낮에 강원도 방어사(江原道防禦使) 문몽헌(文夢軒)과 종사관(從事官) 박경신(朴慶新)이 이곳을 지나면서 속히 원주(原州)로 가라고 권하여 가려고 하다가 되돌아와서 머문 것은 감사(監司: 金睟)의 회보(回報)를 기다려야 했기 때문이었다.

○ 순찰사의 관문(關文: 공문서)이 왔는데, 25일에 상주성(尙州城)이 함락되었다고 하였다.

29일 무오。

밤 이경(二更: 밤 10시 전후)에 방어사(防禦使: 문몽헌)가 충주(忠州)로 가려던 도중 도망하여 돌아와서 말했다.

“충주는 28일 낮에 이미 성이 함락되었소이다.”

곧바로 행장을 차려 밤새도록 분주히 치달았다.

아침이 되어서야 신림역(神林驛)에 다다르니, 듣건대 강원 감사(江原監司: 柳永吉)가 원주로 들어갔다가 초립(草笠: 가늘게 쪼갠 대나무로 만든 갓)을 쓰고 혼자 말을 타고서 횡성(橫城)으로 말을 달려 들어갔으며, 원주 목사(原州牧使: 金悌甲) 또한 성을 버리고 달아나 산사(山寺)로 들어갔다고 하였다.

저녁이 되어서야 평창현(平昌縣)에 도착하니 받들어 산속으로 들어가길 도모하였다.

30일 기미。

아침부터 큰 비가 내렸다. 평창 주수(平昌主倅: 權斗文)가 식량 10말을 주고는 군사를 이끌고 경성(京城)으로 달려갔다.

낮에 정선(旌善)의 수령 정사급(鄭思伋)을 만나니, 그가 말했다.

“궐내에서 통곡하며 주상께서 승혜(繩鞋: 미투리) 1천 개를 들이게 하고 말 50필을 세우도록 하여 장차 철원(鐵原)으로 들어가려 하시오.”

나랏일을 받들어 듣자니 차라리 죽어버리고 싶었으나, 성용(聖容: 영정)을 등에 지는 것도 또한 마음대로 하지 못하는 것이어서 다만 서쪽을 바라보며 통곡할 뿐이었다. 길 가는 사람들이 또 말을 전하기를, 왜적들이 장차 원주(原州)와 횡성(橫城)으로 들어갈 것이라고 하였다.

저녁에 고을 앞의 대장장이 집으로 나가서 하룻밤을 묵었다.

밤에 큰비가 내렸다.

• 5월

1일 경신。

비를 무릅쓰고서 관인(官人) 억복(億卜)을 데리고 동쪽으로 녹곡(鹿谷)의 곳집을 향했는데, 산길이 험악하고 먹구름이 잔뜩 끼어 정노위(定虜衛) 김방복(金邦福) 집에서 묵었다.

2일 신유。

아침에 비와 이슬을 무릅쓰고 출발하여 가현(加峴)을 넘고 또 칠현(漆峴)을 넘느라 사람과 말이 열 걸음에 아홉 번은 쓰러졌는데, 가까스로 험준한 산을 넘고 강을 건너서는 사공의 집에서 밥을 지어 먹었다.

낮에 행림곡(杏林谷)의 이온(李溫) 집에 투숙하면서 영천(榮川: 榮州) 사람 정천(鄭千)을 만났는데, 서로 만나게 되어 몹시 기뻐 사람을 보내 곳집에서 곡식을 얻어 오게 하였다.

3일 임술。

득공(得公)이 녹곡(鹿谷)에서 돌아와 말했다.

"사나운 적도(賊徒)들이 왜적이라 사칭하며 영월군(寧越郡)에 들어갔는데, 군민들이 모두 달아나 숨어버리니 장무리(掌務吏: 문서 사무를 보던 서리) 한 명을 잡아 결박하고 매질하며 고을 수령의 아내와 식솔들이 있는 곳을 묻고는 곧바로 정선(旌善)으로 갔다고 합니다."

○ 저녁에 듣건대 평창(平昌)의 관인(官人: 관아에 속한 벼슬아치)이 어제 경성(京城)에서 와 말하기를, "주상께서 28일에 피난을 떠나셨고 둘째왕자(광해군)로 하여금 도성을 지키라 명하였다."고 하니, 나도 모르게 통곡하였다.

4일 계해。

아침에 듣건대 영천(榮川: 榮州) 사람이 경성에서 말 달려 지나간다고 해서 사람을 보내어 소식을 물었는데 바로 김윤의(金允誼)였다. 스스로 말했다.

"지난달 26일에 도성을 나서서 좁은 길을 찾아 어렵사리 남쪽으로 내려왔는데, 도중에 듣건대 주상께서 피난을 가셨다고 들었소."

동생의 집안일을 물었지만 또한 분명하게 말하지 못했다. 대개 나랏일이 이 지경에 이르러서 경성(京城) 또한 경계를 엄하게 하는 대비가 없었으니, 길에서 전해들은 말들을 비록 죄다 믿을 수 없다 할지라도 애통한 심정을 호소함이 끝이 없었다.

○ 오후에 군사(軍士) 김응선(金應善)이 횡성(橫城)에서 돌아와 말

했다.

“왜적들이 이미 양근(楊根: 楊平)의 사탄(沙灘: 모래여울)을 건너 양주(楊州)의 망오리(忘吾里: 忘憂里의 오기)에 이르러서 경성으로 향했다고 합니다.”

경주 사람과 원인(院人) 모두가 배반하여 떠나가려고 함에 비록 반복해 깨우쳐 설득했지만 막을 수 없었다.

이날 밤에 비가 내리니 머무르려 해도 양식이 떨어졌고 가려해도 길이 막혀 몹시 괴롭고 괴로웠다.

5일 갑자。

비가 내렸다.

낮에 정천(鄭千)의 아들 정막동(鄭莫同)과 정희준(鄭希俊)이 중앙군으로 나아갔다가 양근(楊根: 양평)의 황경(黃頃)에서 돌아와 말했다.

“평창 수령(平昌守令: 권두문)이 영천(榮川: 榮州)의 하번군사(下番軍士: 당번을 마친 군사)를 만났는데, 경성에서 내려오며 신립(申砬)의 군대가 패했다는 것을 전했다고 합니다.”

시국의 일을 생각하매 나도 모르게 통곡하였다.

○ 원주(原州)·평창(平昌)·횡성(橫城) 등의 관군(官軍)들이 모두 뿔뿔이 흩어져 가버렸고, 평창의 고을수령도 또한 관아로 돌아와 직인을 가져다 고을사람인 봉사(奉事: 훈련봉사) 지사함(智士涵)에게 넘겨주고서 도망쳤다고 하였다.

6일 을축。

날씨가 개었다. 어쩔 수 없이 남쪽으로 향하고자 꾀했는데, 즉시 홍자경(洪子敬: 홍여율)과 길을 안내할 수 있는 자로 정천(鄭千)을 만나 죽령(竹嶺)을 넘어 고현(古峴)으로 향하려 하였다. 마침 권두문(權斗文) 평창 군수의 아노(衙奴: 관노)를 만났는데, 남쪽에서 올라오다가 말했다.

"밤에 만난 사나운 도적 수십 명에게 옷과 양식을 빼앗기고 갓까지 벗기고서야 겨우 벗어났사옵니다."

그리하여 샛길을 따라 남쪽으로 되돌아가고자 또 골짜기의 좁은 길을 따라가서, 영월(寧越)의 사창(社倉)을 지나 크고 작은 사현(沙峴: 모래재)을 넘어 교진리(交陳里)의 서음산(鋤音山) 집에 묵었다. 듣건대 남쪽 지방에 도적들이 크게 일어나 밤낮으로 사람들을 공격하거나 재물을 약탈하여서 도로가 막혀 통하지 않는다고 하니, 늙은 모친과 가족들을 찾아가려고 해도 갈 수가 없어서 애통하고 민망하였다.

7일 병인。

정천(鄭千)이 돌아가려 해서 목(木: 무명) 반 필과 속(粟: 좁쌀) 7말을 주어 보냈다. 대령(大嶺: 큰 고개)을 넘고 재를 모두 넘어서 금이술(琴而述: 琴胤先)과 금여약(琴汝若: 琴順先)의 형제를 만나 남쪽 지방의 소문을 들었는데, 금이술이 술과 음식을 보내주었으며 이웃 민가에 머물러 묵었다.

8일 정묘。

아침에 산 하나를 넘고서야 비로소 봉화(奉化)의 사기점(沙器店)에서 늙은 모친과 가족들을 만나게 되어 기쁨에 겨워서 쓰러질 듯했고 나도 모르게 슬프게 울었다.

○ 낮에 권공량(權公亮: 權寀)이 곡식 10여 석을 주었으며, 박정길(朴靜吉)이 찾아와서 만났으며, 홍자경(洪子敬: 홍여율)도 역시 머물렀다.

9일 무진。

큰비가 종일 쏟아 내리는데도 비를 무릅쓰고 봉화(奉化)로 들어가서 현감 황시(黃是)를 갑자기 만나 서로 붙들고 통곡하였는데, 장(醬) 1독, 쌀과 콩 각 1석씩을 주었고 또 환자곡식(還子穀食)으로 벼 10석, 목맥(木麥: 메밀) 5석, 백미(白米) 1석을 얻었으니, 그것을 어용(御容: 영정)을 짊어진 사람들에게 음식으로 줄 수 있었다.

○ 낮에 비로소 상세히 듣건대 주상께서 30일 사경(四更: 새벽 2시 전후) 1점(點: 25분)쯤 신문(新門: 서대문)을 나서서 사현(沙峴)에 이르러 말을 타시고 평양(平壤)으로 향하셨다고 하였다. 나랏일이 이 지경에 이르러 곧바로 하늘을 우러러 흐느껴 운들 어이하겠는가.

○ 이날 밤에 큰비가 쏟아서 산골짜기가 무너져 흘러내렸다.

10일 기사。

시냇물이 불어 바다같이 넘실거려서 사람들이 통행할 수가 없었다.

11일 경오。

사내종 득환(得還)이 올라왔는데, 고을사람들이 난을 일으켜 향소(鄕所)를 때려 부수었다고 하였다.

○ 낮에 자경(子敬: 홍여율)과 함께 임동(林同)을 찾아갔으나 만나지 못하였고, 비로 인하여 이경엄(李景淹)의 집에 머물러 묵었다.

12일 신미。

이희정(李希程)과 이희범(李希范)이 찾아와서 만났다. 낮에 자경(子敬: 홍여율)과 함께 비를 무릅쓰고 선성(宣城: 예안)으로 향하다가 금하양(琴河陽: 琴應夾)이 피해 있는 곳에 도달하여 그 이웃집에 묵으며 장차 가서 머물 수 있는 곳을 상의하였다.

13일 임신。

자경(子敬: 홍여율)과 금하양(琴河陽: 琴應夾)이 함께 계상(溪上: 兎溪)으로 갔다.

○ 아침에 백동정사(柏洞精舍)의 승려 혜웅(惠雄)을 불러서 영정을 봉안할 장소를 의논하고는 무명 3필을 주었다. 낮에 선성(宣城: 예안)으로 향했는데 자경(子敬: 홍여율)이 따라와서 함께 묵었다. 경성의 소식이 어지럽고 뒤섞여 달랐으며, 또 듣건대 왜적들이 무리를 지어 100여 명이나 수십 명이 의성(義城)·다인(多仁)·함창(咸昌) 사이에서 시골집들을 분탕질하고 부녀자와 재산을 약탈한다고 하였다. 단지 창과 칼만을 가지고서 다른 활과 화살을 없었는데, 만

약 우리나라 사람들이 활과 화살을 가지고 있으면 도망치거나 화해를 청하였다.

○ 신지효(申之孝)가 부상을 입었다고 하였다.

○ 선성(宣城: 예안)의 수령만이 홀로 온 경내를 보존하여 예전처럼 평안히 지낼 수 있었고 창고와 병장기들이 모두 예전 그대로였으니, 기남자(奇男子)로 기특하고 기특하였다.【협주: 선성의 수령은 신오봉(申梧峯: 申之悌)이다.】

14일 계유。

감사(監司: 김수)의 군관(軍官)인 판관(判官) 조붕(趙鵬)이 청송(青松)에서 와서는 말을 얻어 상주(尙州)로 향하면서 그대로 함안(咸安)의 선산(先山)에 들르려고 했지만 주수(主倅: 신지제)가 주지 않았다. 나도 역시 언성을 높여서 그를 꾸짖고는 주수(主倅: 선성 고을수령)로 하여금 안집사(安集使) 김륵(金玏)을 보러 영천(榮川: 榮州)로 가서 의병을 일으켜 합세하여 의성(義城)과 청송(青松) 사이의 왜적들을 토벌하고, 또한 연이어 용궁(龍宮)으로 의병을 보내 죽령(竹嶺)과 조령(鳥嶺) 등의 길을 막도록 권유하였다.

얼마 뒤에 듣건대 선성(宣城)의 수령이 즉시 조붕과 함께 말을 타고 안집사가 있는 곳으로 갔다고 하였다. 또 듣건대 경주 판관(慶州判官) 박의장(朴毅長)이 안동(安東)에 왔다가 말을 타고 가서 함께 일을 같이하려 했지만, 박공(朴公: 박의장)이 어제 이미 영해(寧海)로 돌아갔는지라, 이에 편지를 써서 그의 노비에게 주어 영해로 급히 돌아가게 하였다. 또 안여지(安汝止: 安霽)에 편지를 써서 권전(權詮)의 무리들을 부르도록 하였다.

이날 저녁 노비 윤복(允卜)의 집에 묵었다. 고향의 일은 참혹하여 차마 보고 들을 수가 없는데, 얼토당토않은 말들이 서로 전파되었으니 왜적들이 마을에 와서 민가를 분탕질하며 그 기세가 불꽃처럼 두려운 까닭에 백성들은 달아나 숨었고 모두 혼이 나가 아침저녁으로 어찌될지 모르는 상황이라고 하였다.

○ 듣건대 자경(子敬: 홍여율)의 노비가 옷가지 등을 가지고 계상(溪上)에 도착했고, 내 옷가지 등도 길안(吉安)의 이생원(李生員) 집에 있다고 하였다.

○ 경주 사람이 제기(祭器)를 가지고 돌아갔다.

15일 갑술。

듣건대 안동(安東) 읍내에 돌팔매질하는 사람들이 500여 명 정도 무리로 모여서 힘을 합하여 왜적을 토벌하려고 했으나 주장(主將)이 없었다고 하였다. 게다가 지난날 부사(府使: 안동부사) 정희적(鄭熙績)이 성을 포기했을 때, 관가의 창고에 있던 쌀과 포목 및 군기 등을 문 열고 백성들로 하여금 마음대로 가져가도록 하여 각 현(縣)의 창고 곡식이 일시에 텅텅 비고 군기가 죄다 없어졌다. 지금 비록 군사를 조달하기 위해 징발하려 할지라도 마을이 모두 비었고 군량도 또한 거두어 마련할 수가 없으니, 정희적의 죄는 이루 다 주벌할 수 있으랴. 향소(鄕所) 등은 일찍이 한 사람도 그것을 말리지도 않고 모두 달아나 숨고서 나오지 않았으니 원통하고 분하기가 어떠하겠는가.

오후에는 선성(宣城: 예안)으로 돌아갔다. 고을수령이 때맞춰 미처 되돌아오지 못하여 금하양(琴河陽: 琴應夾)과 김동복(金同福: 金富倫, 협주: 雪月堂)을 만나서 자경(子敬: 홍여율)이 있는 곳으로 가려다 우연히 오경홍(吳景泓: 吳瀹)을 만났다. 저물녘에 자경과 같이 와서 경홍의 집에 묵었는데 오 진사(吳進士: 吳守盈)가 찾아와서 함께 묵었다.

○ 우리나라 사람들이 동래(東萊)가 함락된 후로 병영(兵營)에서 충주(忠州)에 이르기까지 모두 한 발의 화살도 쏘지 않고 흩어져 가버렸다고 한다. 사람들이 모두 왜적의 칼날에 겁을 먹어 풍문만 듣고도 흩어져 달아나니 놀라움과 통탄스러움을 금할 수 없다.

16일 을해。

두 짐바리를 경홍(景泓: 吳瀹)의 집에 맡겨두었는데, 선성(宣城: 예안)에서 오래 전부터 잘 알고 가깝게 지냈던 하양(河陽: 琴應夾)과 오장(吳丈: 吳守盈) 같은 이들이 모두 도로 관쟁(關崢)에 오라고 힘써 권하여 사람을 보내 배산가(裵山家)를 탐문하게 하였더니, 그 사람이 돌아와서 텅 비었다고 보고하였다. 아들 기(佺)로 하여금 봉성(奉城)에 가서 처자식을 옮기도록 하였다. 직접 관쟁(關崢)에 갔는데, 길이 험하고도 높아서 종일토록 걸어가는 중에 열 번 넘어지고 아홉 번 거꾸러지며 어렵사리 도달하였더니 권묵(權默)의 가솔들이 들어간 지가 이미 오래되었다. 어쩔 수가 없어 되돌아오다가 하구연(河九淵)의 집에 묵었다.

아침, 온계(溫溪)에 도착하여 듣건대 굉중(宏仲: 李德弘)과 언강(彦康: 琴愷)이 초하룻날 성을 나섰다가 왜적을 만나 겨우 모면해 왔다고 하였다.

17일 병자。

엎어지고 자빠지며 험지를 나오느라 직접 성용(聖容: 영정)을 짊어졌더니 등에 종기가 나고 다리가 아픈 것이 한꺼번에 일어났지만, 허둥지둥 왜적을 피하여 숨으려 할 즈음이라 견디기 어려운 줄 몰랐다. 신라현(新羅峴)을 넘어 봉화(奉化)에 이르니, 현청(縣廳)의 건물과 백성의 집들이 완전히 텅 비어있고 닭소리 개소리조차 들리지 않아 놀랍고 비참하여 차마 볼 수 없었다. 그날 금곡암(金谷菴)에 묵으려니, 승려가 많아 받아들이기가 어려워 민망스러웠다.

저녁에 늙으신 모친을 사점(沙店: 沙器店)에서 뵙고 안여지(安汝止: 安霽)를 만나 말촌(末村)으로 가니, 류읍(柳揖)·류인영(柳仁榮)·김철(金澈) 등이 안동(安東)에서 왔다고 하였다. 안집사(安集使: 金玏)가 오늘 저녁이 되어서야 봉화(奉化)에 들어왔다가 날이 밝으면 예안(禮安)으로 가서 군사들을 합하려 한다고 하였다. 또 말하기를, "김사순(金士純: 金誠一) 영공(令公: 높임의 칭호)이 초유사(招諭使)가 되었다."라고 하니, 만약 이런 분을 얻어 일을 성공시킬 수 있다면 이는 참으로 국가의 다행일 것이다.

18일 정축。

낮에 예안(禮安)으로 가서 겨우 성용(聖容: 영정)을 퇴계서당(退溪書堂)에 봉안하였다. 홍자경(洪子敬: 홍여율)의 장인이 재사(齋舍)를 새로 짓고서 홍자경에게 말했다.

“보통 때는 각 참봉이 비록 서로 돌아가며 번을 바꾸면 되지만 이러한 난리 때를 만나서는 매일 진실로 함께 번을 드는 것이 마땅하니, 잠시도 곁을 떠나서는 안 되네.”

그리하여 함께 10여 일을 머물렀다.

○ 그 후에 다시 듣건대 상주(尙州)와 용궁(龍宮)에 머문 왜인 수십 명이 안동(安東)과 예안(禮安)의 관문(官門: 관아)까지 추격해왔다가 돌아갔다고 하여, 급히 서둘러 다시 영정을 모시고 청량산(淸涼山)의 깊은 골짜기에 봉안하였다.

19일 무인。

듣건대 안집사(安集使: 金玏)가 안동으로 돌아가 군사들을 징발하자 척석군(擲石軍: 투석군) 등이 달아나 숨는다고 하였다. 노비들도 돌아가고 자안(子安: 鄭士恭)도 우리 본가에 돌아갔다고 하였다.

종일토록 큰비가 내려서 산속에서는 다시 소식을 들을 수가 없었다.

20일 기묘。

새벽에 창평(昌坪)의 군사 이순희(李順希)가 와서 말했다.

"금일 봉화 수령(奉化守令: 현감 黃是)께서 군사들을 점고하셨나이다."

또 말했다.

"이달 5일에 경성(京城)에서 출발하니, 왜적들이 경성에 들어온 후로 위협에 못 이겨 추종했던 우리나라 사람들이 모두 흩어져서 왜인들은 스스로 말먹이 풀을 베었고 또 양식도 보이는 게 없는데, 경성 밖의 지방 군사들이 바야흐로 핍박한 까닭에 왜적들은 성문을 닫아걸고 스스로 지키지만 아마도 굶주려 죽을 것입니다."

○ 의성(義城)의 왜적들이 이동하여 군위(軍威)로 향했다는데, 이 말은 믿을 만한지 여부를 알지 못하겠다. 자안(子安: 鄭士恭)이 중도에서 되돌아와 말했다.

"길에서 의성(義城)의 관인(官人)을 만났는데 평산(平山)에서 온다며 말하길, '경성에 머물러 있는 왜적들은 사방의 원병장(援兵將)들이 16일에 군대를 합쳐서 몰살해야 한다.'고 이기(李墍) 영공(令公: 높임의 칭호)이 주장하여 왜적을 많이 죽였다고 합니다."

○ 이희정(李希程)과 권산기(權山起)가 찾아왔고, 옥봉(玉奉: 玉峯의 오기, 權暐)이 와서 말했다.

"안무사(安撫使: 안집사 金功인 듯)가 안동(安東)으로 가서 군사를 모집한다고 합니다."

21일 경진。

안무사(安撫使: 안집사 金功인 듯)가 영정 봉안소에 와서 수호군(守

護軍: 능지기) 30명을 모집하여 배치했는데, 아마도 뜻밖의 변고가 있을까 염려해서였을 것이다.

○ 아침에 듣건대 이경엄(李景淹)의 아들이 봉화현(奉化縣)에 들어가니 영천(榮川: 榮州) 관내에서 경성의 왜적들을 많이 죽여 거의 대부분 섬멸했다고 한다지만, 믿어야 할지 그 여부를 알지 못하겠으나 딱하고 딱하였다.

○ 낮에 권사의(權士義) 형이 지나가는데 큰비가 내렸다.

22일 신사。

잠깐 날이 개었다. 강릉(江陵) 사람이 와서 정언(正言: 鄭士信)이 가솔들과 함께 죽음을 무릅쓰고 돌아왔다는 소식을 전하였는데, 그 사람이 다음처럼 말하여 통쾌하였다.

"양주(楊州)의 평원에 왜적들이 많았지만, 강원 감사(江原監司: 柳永吉) 및 우상(右相: 우의정 李陽元) 등 여러 벼슬아치들이 철원(鐵原)에 모여 왜적들을 공격하여 거의 전멸시켰다고 합니다."

저녁에 어떤 사람이 다음처럼 전해 주는 말에 안타깝고 가슴이 답답하였다.

"사방에서 근왕병(勤王兵)이 일어났지만 왜적이 경성(京城)을 다섯 겹으로 포위하고 있어서 승부를 알지 못한다고 합니다."

23일 임오。

비가 왔다. 아침에 권묵(權默)이 봉화 현감(奉化縣監: 黃是)의 명으로 와서 강릉(江陵)의 소식을 물었다. 또 오 진사(吳進士: 吳守盈)가 이씨(李氏: 李叔樑인 듯)에게 주는 편지를 보고서 말했다.

"사방에서 군사들이 15일부터 8일 동안 접전하여 전투에서 이겨 왜적들을 모조리 베었고, 나머지 왜적들은 따로따로 흩어져서 원주(原州)로 향하기도 하고 충청도(忠淸道)로 향하기도 하면서 조령(鳥嶺)을 넘어 동래(東萊)로 되돌아올 것이니, 각 도(道)의 근왕병들로 하여금 섬멸하도록 할 것이라고 합니다."

과연 믿을 만하다면 태평성대 만세이러니 경축하고 기뻐함이 어떠하겠는가? 온종일 큰비가 내렸다.

24일 계미。

날이 개었다. 어떤 사람이 전해주며 말했다.

"용궁(龍宮)과 예천(醴泉) 등지에서 왜적들이 분탕질을 하여 인심이 흉흉하고 또 산속으로 들어간다고 합니다."

25일 갑신。

날이 개었다. 관아에 들어가 고을수령을 만났다. 강원도(江原道)의 전언통신문(傳言通信文)은 영해(寧海: 盈德)에서 온 것으로 왜적의 기세가 쇠약해진다고 하지만 전투에서 승리하였다고 말하지 않았다. 또 강릉(江陵)에서 온 어떤 사람이 말했다.

"경성(京城)의 왜적이 쇠해져가니 장차 반드시 틀림없이 모조리 멸망시킬 것입니다."

용궁(龍宮)과 예천(醴泉)에 관한 말들이 서로 같지가 않아서 또한 모두 믿을 수가 없었다.

26일 을유。

자안(子安: 鄭士恭)과 함께 안동(安東)을 향해 나섰는데, 중도에 큰비를 무릅쓰고 토곡(兎谷)의 시냇물을 간신히 건너 길에서 예안(禮安: 신지제)의 편지를 보았다.

27일 병술。

관아에 들어가 향소(鄕所)의 여러 사람들 및 가장(假將) 안여지(安汝止: 安霽)·김도원(金道源: 金涌)·권□(權□)을 만났다. 의성(義城)의 이근회(李根晦: 李逢春)가 횡성(横城)으로부터 와 누원(樓院)에서 왜적 잡은 일을 이야기하니, 경축하고 기쁘기 그지없었다.

28일 정해。

비가 내렸다. 인중(仁仲: 李命弘의 字인 듯) 형의 집을 찾아갔다.

29일 무자。

봉화(奉化)를 향해 떠났는데 길에서 큰비를 만나 홍수에 막혀 토곡(兎谷)에 있는 권동준(權東俊)의 노비 집에서 묵었다.

저물녘에 소천(小川)을 향하다가 춘양현(春陽縣) 내에 있는 이환(李還)의 집에 머무르며 노비를 보내어 가솔들을 평창(平昌)·금곡

(金谷)으로 불러내 바로 예안(禮安)으로 향하였다.

• 6월

1일 기축。

아침에 봉안소(奉安所)에 도착했는데, 말이 왜적의 형세를 탐지했던 일에 미쳤다.

2일 경인。

머물렀다.

3일 신묘。

머물렀다. 듣건대 21일에 신할(申硈)의 군대가 임진(臨津)에서 패하여 많은 군중(軍衆)들이 일시에 모두 무너져 흩어졌다고 하였다.

4일 임진。

권습독(權習讀: 權億齡)을 만나러 각화사(覺華寺)에 갔는데, 의성현령(義城縣令) 이자수(李子粹: 李汝馧의 오기인 듯)가 영천(榮川: 榮州)에 도착해 서장(書狀: 편지)을 보내어 만나길 요청한다고 들었다.

5일 계사。

아침에 창평(昌坪)을 갔는데, 왜적들이 용궁(龍宮)과 예천(醴泉)

지경에 마구 쳐들어와 봉화(奉化: 黃是), 예안(禮安: 申之悌), 영주(榮州: 金潤國) 고을수령의 근왕병들이 달려갔지만, 민심이 흉흉하여 상하의 백성들을 불러 모아서 소란을 피우지 말고 안도하라는 뜻으로 효유하였다는 것을 들었다.

6일 갑오。

아침에 계상(溪上)을 지나서 이 선생(李先生: 이황)의 묘를 참배하고 시국의 정세를 생각하니, 나도 모르게 눈물이 주르륵 흘러내렸다.

7일 을미。

큰길가의 도직소(盜直所: 도적을 지키고 감시하는 곳)를 단속하고 독려하였다.

8일 병신。

관아에 들어가 안집사(安集使: 金功)를 만났는데, 권전(權詮)이 왜적을 만나 패배하였고 군사들은 모두 흩어졌다는 소식을 들었다. 달원(達遠: 金垓)과 자경(子敬: 홍여율)이 와서 모였고 이자길(李子吉)이 와서 말했다.

"왜적들이 군졸들을 모았지만 100여 명을 채우지 못한데다 식량도 다하여 굶주렸으니, 군사를 보내어 토벌할 수 있소이다."

드디어 안집사와 군사를 일으키는 일을 도모하였다.

9일 정유。

출발해서 오다가 온개(溫介: 溫溪의 오기인 듯)의 온금(溫金) 집에 묵었다.

10일 무술。

아침에 춘양(春陽)의 변이(卞伊) 집에 들렀는데, 듣건대 명나라 관료가 와 주상께서 명나라 관료를 서쪽 누각에서 맞이하였다고 하지만 그 대강의 내용이 자세하지 않아 안타깝고 가슴이 답답하였다.

11일 기해。

윤흠(尹欽: 尹欽信의 오기인 듯)이 와서 말했다.

"권희열(權希說)이 의병 모집에 자원하였는데, 그 뜻이 장하니 안집사(安集使)에게 편지를 보내야 하겠소이다."

12일 경자。

아들 기(佺)가 안동(安東)을 떠났고, 자안(子安: 鄭士恭)은 막동(莫同)을 데리고 소천(小川)에 들어갔다.

13일 신축。

봉화 현감(奉化縣監: 黃是)을 만났다. 듣건대 관군들이 왜적들을 사로잡지 못하고 단지 한양 가는 길을 바라보고만 있으니 왜적의 군대가 크게 성해 각 고을에 가득해도 감히 손을 쓸 수가 없게 되자 모두 산골짜기로 흩어졌다고 하니, 저도 모르게 원통하고 분하였다.

14일 임인。

자안(子安: 鄭士恭)이 창평(昌坪)으로 갔다.

15일 계묘。

(내용이 없음.)

16일 갑진。

관군은 용석현(龍石峴)에서 무너지면서 저희끼리 서로 밟고 밟혀 죽은 자들이 매우 많았다. 그 뒤로 백성들이 무너지고 흩어져서 예천(醴泉) 동쪽은 마을이 완전히 텅 비어 있다고 한다.

17일 을사。

저녁에 옥련(玉連)과 막종(莫宗)이 온계(溫溪)에 가서 식량을 실어 왔다.

18일 병오。

아침에 자안(子安: 鄭士恭)과 자순(子順: 子弘의 오기인 듯, 鄭子毅) 그리고 국보(國寶: 李瑒)가 왔고, 자경(子敬: 홍여율)의 편지도 왔다.

19일 정미。

안집사(安集使)가 낙이(樂而: 權來)의 집에 왔다.

20일 무신。

듣건대 14일에 대가(大駕)가 출발하여 의주(義州)로 향했고 왕세자(王世子: 광해군)는 강계(江界)로 향했다고 하니, 신하된 자로서의 애통함이 어떻다 하겠는가?

21일 기유。

자경(子敬: 홍여율)과 함께 모두 영정(影幀)의 봉안소(奉安所)로 갔다.

22일 경술。

왜적이 감천(甘泉: 예천의 옛 지명)에서 안동(安東)의 본부(本府)로 쳐들어온다고 하니, 서로 마주대하여 놀라고 두려워 허둥지둥하며 할 바를 알지 못하였다.

23일 신해。

머물러 있었다.

24일 임자。

다시 왜적을 탐지하기 위해 산을 나섰다.

25일 계축。

아침에 선성(宣城: 예안) 현감(縣監: 신지제)을 만나서 왜적에 관한 소식을 물었다.

26일 갑인。

다시 영정(影幀) 봉안소(奉安所)로 갔다.

27일 을묘。

머물러 있었다.

28일 병진。

머물러 있었다.

29일 정사。

듣건대 아들 정경(鄭慶: 鄭佺인 듯)이 아프다는 소식이었다.

• 7월

1일 무오。

머물러 있었다. 자경(子敬: 홍여율)과 함께 두려워 숨죽이며 오열하였고 저도 모르게 침식을 전폐하였다.

2일 기미。

머물러 있었다.

3일 경신。

머물러 있었다.

4일 신유。

선성(宣城: 예안) 현감(縣監: 신지제)을 만나러 갔다가 조보(朝報)를 보니 대가(大駕)가 서쪽 길로 향했다는 것을 들었는데, 이는 유홍(兪泓)의 주장을 따른 것이다.

5일 임술。

낮에 잠시 금하양(琴河陽: 琴應夾)을 방문하였다.

6일 계해。

듣건대 안집사(安集使) 〈이하 내용 없음〉

7일 갑자。

듣건대 아내와 아들 정전(鄭佺)이 한꺼번에 아파서 누웠다고 하니, 집안일 또한 마음을 놀라게 하였다.

8일 을축。

길에서 이창(李瑒) 생질을 만나 여러 병자들이 더한지 덜한지 물었다.

9일 병인。

왜적들이 청량산(淸涼山)에 쳐들어온다는 소식을 듣고 허둥지둥 들어가 자경(子敬: 홍여율)과 함께 영정(影幀)을 받들어 모시고서 엎어지고 자빠지며 나가 운현(雲峴)의 정결한 곳으로 피했는데, 식음을 폐하고 노숙하니 단지 서로 마주하여 눈물을 훔칠 뿐이었다.

10일 정묘。

자경(子敬: 홍여율)과 친히 영정(影幀)을 짊어지고 샛길을 따라 산을 빠져나가기로 논의했으나 도중에 뜻밖의 변고가 생길까 두려워 그대로 움츠리고 숨어서 지내니 간난신고(艱難辛苦)는 말할 수 없었다.

11일 무진。

머물러 있었다.

12일 기사。

수호군(守護軍) 1명을 척부(尺阜)와 비진(飛津) 등의 마을에 내려보내어 양식을 구걸하도록 하였다.

13일 경오。

머물러 있었다.

14일 신미。

머물러 있었다.

15일 임신。

왜적들이 물러났다는 소식을 듣고 다시 영정(影幀)을 지난번 봉안소(奉安所)에 봉안하였다.

16일 계유。

머물러 있었다.

17일 갑술。

국보(國寶: 李瑒)의 편지를 보았다. 듣건대 왜적들이 주촌(周村: 진성이씨 대종가 소재)과 마암(馬巖: 정사성의 생가 소재)으로 마구잡이로 들어가 분탕질하여 사람들이 대부분 해를 입었다고 하니, 참혹하고 애통함이야 차마 말할 수 없었다.

저녁에 비가 내렸다. 【이 이하는 없어졌다.】

부록

어진 모시고 피란한 일을 경상도관찰사에게 보고한 글

제천에 도착하여 충청도관찰사에게 보고한 글

[이상정] 지헌 정선생 행장

어진 모시고 피란한 일을 경상도관찰사에게 보고한 글

삼가 아뢰나이다. 참봉(參奉)이 작년 12월 7일에 임소에 도착해 이른 아침부터 밤늦게까지 공손하고 삼갔습니다. 경주부(慶州府)는 바다에서 매우 가까운 곳이자 진전(眞殿)을 모신 곳인데, 혹 왜구에 의한 놀라고 다급한 변고가 있으면 뜻밖의 대책을 미리 정할 수가 없으니 일을 그르칠까 정녕코 어느 때나 답답하고 염려되었습니다. 부윤(府尹) 윤인함(尹仁涵)의 임소로 평소에 보고하였는데, 부윤의 말에 의하면 이런 일을 생각한 지 오래였습니다. 다만 변방이 평온할 때에는 진전(眞殿)에 아직 벌어지지도 않은 일을 관아의 문서로 써서 사람들이 듣고 놀라게 하는 것은 지극히 온당치 않은 일이라 하였습니다. 감사(監司)가 경주부로 들어온 날에 면전에서 논의한 것이 자세하였는데, 감사 또한 말하길 진전(眞殿)의 일을 거론하여 주상께서 듣고 놀라시게 해서는 아니 되고, 조정 또한 처리하지 않은 일에 적절하고 마땅한 방법을 미처 알지 못할 것이니, 일이 닥치면 그때에 직면하여 처리할 수 있을 것 같다고 하였습니다. 또 부윤의 말에 의하면 진전(眞殿)을 옮기는 것은 사체(事體)가 지극히 중대하니 반드시 조정의 처분을 기다려야 할 것이고, 만에 하나 불행히 갑작스럽게 성이 포위되면 영정(影幀)은 결코 포위된 성 안에 있어서는 안 될 것이라 하였습니다. 그래서 경주부 남쪽으로 30리 되는 곳에 있는 산성(山城)은 옛날의 피난처였는데, 일이 닥치면 그곳으로 도망치는 것이 어떠하겠느냐고 하였습니다. 같은 직임의 참봉 홍여율(洪汝栗)은 만일 불행이 심하다고 여겨지면 영정(影幀)을 궤(匱) 안에 말아 넣어서 집경전(集慶殿) 내의 정결한 곳에 묻어두면 어떠하겠느냐고 하였습니다. 부윤이 말했습니다.

"이 말도 또한 이치가 있는 듯하다."

이에, 제가 말했습니다.

"성용(聖容: 영정)은 향교(鄕校)의 위판(位版)과 똑같지 않습니다. 신하된 자가 영정을 묻는 것은 차마 해서는 아니 될 듯합니다. 비록 어쩔 수 없이 영정을 받들어 산성으로 피난하였는데 집이 협소하고 누추하여 같이 들판에 거처하는 일이 있을지라도 마땅히 급하게 도망하여 피한다면 내지(內地)에 봉안하는 것이 공명정대할 듯합니다. 영정을 봉안할 처소는 반드시 주군(州郡)의 정결한 곳에서 찾고 형세를 보아가며 변통하면 만전의 대책이 될 듯합니다. 그러하오나 이와 같은 일은 반드시 조정의 명이 있은 연후에야 처리할 수 있을 것이옵니다."

부윤은 또한 옳다고 여겨 같은 직임의 홍여율이 주장한 논설과 더불어 밤낮으로 생각했습니다.

그런데 나라의 운수가 불행하여 4월 13일에 왜구가 모습을 드러내고 곧바로 상륙하였는데, 14일에는 부산포(釜山浦)를 함락시켜 진장(鎭將)이 죽었으며, 15일에는 동래(東萊)를 또 함락시켜 부사(府使)가 죽었으며, 양산(梁山)과 울산(蔚山)의 군수를 영문(營門)에서 조방장(助防將)으로 정하여 보냈지만 함께 전사하였으며, 병사(兵使)는 언양(彦陽)으로 퇴각했습니다. 경주(慶州)는 또한 바다와의 거리가 멀지 않아, 감포(甘浦)와의 거리가 40리, 울산·양산과는 하루 정도의 거리, 동래와는 이틀 정도의 거리입니다. 동래가 곧 함락되자, 왜적의 무리가 승승장구하여 또 양산의 성과 해자까지 엿보는데 울산과 양산의 주장(主將)은 이미 죽어 방어할 수가 없습니다. 그 사이의 도로는 평탄하고 또 험준한 곳이 없어서 하루 밤낮 동안이면 적병들이 졸지에 이를 것이니, 민심이 흉흉하고 두려워하는 형세를 진정시키기가 어렵습니다. 부윤(府尹)의 말에 의하면 감사(監司)가 계속 함안(咸安)에 있어서 14일 진전(眞殿) 처리할 일을 보고한 것에 대한 회답이 오지 않은데다 감사의 관문을 기다리지도 않고 또 조정의 명도 없는데 경솔하게 스스로 마음대로 처리해 영정(影幀)을 옮기는 것은 매우 중하고 어렵다고 했으나, 적의 칼날이 매우 예리하여 계속해서 거진(巨鎭)들을 함락시키니 아침저녁으로 염려되었습니다. 경주부(慶州府)에 속한 군병의 네 운(運)에서 1운, 2운, 3운을 판관(判官)과 가장(假將: 임시장수) 등이 이끌고 병영(兵營)으로 달려갔습니다. 울산 같은 곳은 단지 4운의 노약자 군사들만이 성에 머물렀기 때문에 성은 넓고 병사들은 드물었으며, 방비하는 군사들은 모양새도 이루지 못한데다 구원병도 또한 이르는 자가 없었으니 지금의 형세가 물과 불보다 심하였습니다. 만일 앉아서 명령을 기다리는 사이에 불행히 포위라도 되면 비단 성령(聖靈)을 놀라 떠시게 할 뿐만 아니라 예측할 수 없는 변고가 있을까 더욱 염려되었습니다. 조정의 명을 기다리지 않고 함부로 영정을 옮긴 죄는 제 한 몸에만 죄가 그치면 만 번 죽어도 아까울 것이 없사옵니다. 제때에 옮겨서 성용(聖容: 영정)을 편안히 보전하였으니 만전책(萬全策)이라 할 수 있을 듯합니다. 또한 반복해서 깊이 생각해 말합니다.

'불행히 저 부윤의 말한 바대로 하여 또 이와 같이 지체하고 머물렀다가 기회를 잃었다면 백번 죽어도 속죄하기 어렵다.'

일이 매우 중대하고 마음에 품은 뜻이 어수선하여 적절히 처리할 바를 모르겠기에 사유를 갖추어 여쭙고 보고하나이다.

제천에 도착하여
충청도관찰사에게 보고한 글

삼가 아뢰나이다. 섬 오랑캐가 마음대로 날뛰며 계속해서 거진(巨鎭)들을 함락시키고 있사옵니다. 집경전(集慶殿)이 있는 곳은 바다와의 거리가 멀지 않았는데, 양쪽이 충돌할 환난이야말로 아침이 아니면 곧 저녁에 당장 생길 것 같아서 백 번 생각한 끝에 만부득이하게 성용(聖容: 영정)을 등에 지고 어렵사리 고개를 넘어 장차 경성(京城)으로 가고자 했나이다. 삼가 듣건대 대가(大駕)가 서쪽으로 피란하였고 길도 또한 막혔다고 하지만, 위험을 무릅쓰고 길을 재촉해 행재소(行在所)에 가려고 해도 도중에 왜적을 만나 예측하지 못한 환난이 생길까 두렵습니다. 가다가 제천(堤川)에 이르러 임시로 영정(影幀)을 상현(上縣)의 정결한 곳에 안치하고는 앞으로도 뒤로도 나아가거나 물러서지 못하여 형세가 지극히 난감합니다. 이에 가슴 답답하고 급박한 사정을 감히 아뢰오니, 삼가 절차를 헤아려 시의에 맞는 방도들을 지도하여 가르쳐주소서.

【미주: 회답에 의하면 이러한 연유를 마땅히 행재소에 아뢰어야 하나

사태가 급박한 지경에 이르러 형편상 갔다왔다하기가 어려우니, 본도(本道: 경상도)로 돌아가 산간 고을의 안전하고 정결한 곳에 봉안하는 것만 같은 것이 없다. 전란이 평온하고 진정되기를 기다린 이후에야 명령을 받아 처리하리로다.】

지헌 정선생 행장
芝軒鄭先生行狀

이상정

공(公)의 휘는 사성(士誠), 자는 자명(子明), 성은 정씨(鄭氏)로 세상에서 일컫는 서원(西原: 淸州)의 번성한 큰 성(姓)이다. 고려 때에 신호위 상장군(神虎衛上將軍) 정의(鄭顗)란 이가 있었는데, 역적을 토벌하려다 난리에 목숨 바친 충절의 사적(事蹟)이 열전(列傳)에 실려 있다. 이로부터 대대로 문장과 덕행이 있어 국승(國乘: 국사)에 빛났다. 대대(代代) 가운데에 정침(鄭賝)이란 이가 있어 소부정윤(少府正尹)을 지냈는데, 우리 조선이 천명을 받자 안동(安東)에 터를 잡고 더 이상 벼슬에 나아가지 않아 그 자손들은 두루 안동 사람이 되었다. 증조부 정윤소(鄭允韶)란 이는 의영고 직장(義盈庫直長)을 지냈다. 조부 정언보(鄭彦輔)란 이는 성균관 생원이었다. 부친 정두(鄭枓)란 이는 사섬시 첨정(司贍寺僉正)을 지내고 한성부 우윤(漢城府右尹)에 추증되었다. 모친 안동 권씨(安東權氏)는 사직(司直) 권식(權軾)의 딸, 지평(持平) 권징(權徵)의 증손녀이다. 가정(嘉靖) 을사년(1545) 2월 29일에 공(公)을 낳았다.

어릴 적부터 영특하며 바르고 엄하여 이미 어른 같은 몸가짐과 법도가 있었다. 7세 때, 유일재(惟一齋) 김언기(金彦璣)에게 가르침을 받았다. 이후 또 백담(柏潭) 구봉령(具鳳齡)과 지산(芝山) 김팔원(金八元)에게 나아가 배웠다. 재주와 생각이 영민하여 강론하고 풀이하는 데에 정치하고 상세하니, 여러 선생들이 자주 칭찬해주었다. 17세 때에 이 선생(李先生: 이황)을 도산(陶山)으로 찾아가 뵙고 이어 학업을 청하였다. 이에 선생이 말했다.

"경(敬)이란 도(道: 진리)에 들어가는 문이다. 반드시 성실하게 한 뒤라야 도중에 멈추는데 이르지 않을 것이다."

그리고는 명(名)과 자(字)를 짓고 손수 써서 주었다. 우윤공(右尹公: 정사성의 부친)이 공(公)을 위해 도산에 작은 집을 지어서 공(公)으로 하여금 머물며 배우도록 하였다. 선생(先生: 이황)이 그 작은 집의 이름을 '동몽(童蒙)'이라 하고 공(公)을 돌아보며 말했다.

"너는 모름지기 고생을 무릅쓰고 몸과 마음을 다해 공부하여 부모의 희망을 저버리지 말거라."

선생은 일찍이 달밤에 공(公)을 데리고 천연대(天淵臺)에 올라서 무이구곡시(武夷九曲詩)를 암송하도록 하고는 이어 절구시(絶句詩) 한 수를 지어 주었다. 공(公)이 일찍이 연대사(蓮臺寺)에 지내면서 《역통(易通)》의 의심나는 곳을 물어 바로잡으려 하자, 선생은 조리있게 분석하여 대답해주었다. 공(公)은 선생의 문하에 10년을 출입하며 경사자집(經史子集) 모두 입으로 설명하고 손가락으로 가리키는 자상한 가르침을 받아 정밀한 연마와 깊은 사고를 하는 과정에서 의미 있는 이치를 축적하였다. 경오년(1570)에 이 선생이 후학들을 버리고 돌아가시자, 공(公)은 부친의 병구완을 하면서도 선생의 상(喪)을 치르고 장례 자리까지 참여하는 등 모두 정성을 다하였다.

24세 때 진사시에 합격하였다. 병자년(1576)에는 대비과(大比科: 式年試)에 응시하러 한양으로 들어갔다가 우윤공(右尹公: 정사성의 부친)의 부음을 듣고 밤이 새도록 급히 달려와 상을 치르면서 한결같이 《가례(家禮)》를 따랐다. 정해년(1587)에는 유일(遺逸)로 천거되어 태릉 참봉(泰陵參奉)에 제수되었는데, 공(公)은 모친의 뜻을 어기기가 어려워 힘써 직책에 나아갔다. 신묘년(1591)에는 동도(東都: 경주)의 집경전 참봉(集慶殿參奉)으로 옮기게 되었다.

다음해(1592)에 섬 오랑캐가 병란을 일으켜 동래와 부산을 함락시켜 동도(東都)도 조만간 위태로워지자, 같은 직임을 맡은 홍여율(洪汝栗)이 어용(御容: 영정)을 묻어두려 하니, 공(公)이 의연하게 말했다.

"이것은 신하 된 자로서 차마 하지 못할 일로서 차라리 모시고 경성(京城)으로 가는 것이 낫네. 만약 나중에 멋대로 옮긴 것이 죄가 된다면 내가 그 죄를 감당하겠네."

마침내 어렵사리 엎어지고 자빠지며 경성으로 가면서 고향집을 지나는데도 들르지 않았다. 가다가 제천군(堤川郡)에 이르러서는 대가(大駕)가 서쪽으로 피란 갔다는 소식도 들었고 도로마저 막혀 통하지도 않아 즉시 호서백(湖西伯: 충청도관찰사)에게 달려가 보고하고서 도로 영남으로 되돌아와 퇴계서재(退溪書齋)에 임시로 봉안하였다. 경상도 감사 한효순(韓孝純)이 찾아와서 영정을 받들어 살피고 행재소에 글로 아뢰었다. 갑오년(1594)에 이조(吏曹)에서 아뢰었다.

"정사성(鄭士誠)과 홍여율(洪汝栗)이 영정(影幀: 이성계의 초상화)을 잘 보살피고 지킨 공은 실로 한결같았으나, 감사(監司: 한효순)가 봉심(奉審)하던 날에 정사성은 봉안소(奉安所)에 머물러있었고 홍여율은 감사를 따라 안동으로 갔었기 때문에 장계를 올릴 때 단지 홍여율의 관직과 성명만 적고 정사성의 성명을 빠트려서 다른 참봉을 임명하기에 이르렀습니다. 그 후에 정사성은 감사가 아뢴 장계로 인하여 겨우 옛 관직에 임용될 수 있었지만 홍여율은 이미 육품(六品)으로 올려주었으니, 같은 직임으로 한 몸과 같았던 사람에게 포상이 달라서는 안 될 것이옵니다."

임금이 아뢴 대로 하도록 하고, 공(公)을 내섬시 주부(內贍寺主簿)로 올려주었다. 몇 달이 지나서 양구 현감(楊口縣監)에 제수되었지만, 얼마 안 되어서 모친이 연로한 것으로 사직하고 돌아와서 두문불출하며 책을 읽으면서 오직 자제들을 가르치고 이끌어주는 것으로 일삼았다. 정유년(1597)에 왜구가 다시 준동하자, 망우당(忘憂堂) 곽재우(郭再佑: 郭再祐의 오기)는 화왕산성(火旺山城)에 들어가 의병을 일으켜 적을 토벌하니, 공(公)도 달려갔는데 《응모동고록(應募同苦錄: 龍蛇應募錄과 火旺山城同苦錄)》에 수록되어 있다. 무술년(1598)에 모친상을 당하자, 공(公)은 이미 몸을 훼손하지 말아야 하는데도 앞서 부친상 때와 마찬가지로 모든 교제를 끊고 3년간

여묘살이를 하였다. 정미년(1607) 2월 16일에 병들어 누웠다가 세상을 떠났으니 향년 63세였다. 4월 기사일(己巳日)에 우윤공(右尹公: 정사성의 부친) 묘의 오른쪽으로 경방(庚方: 서남쪽)을 등진 언덕에 부장(祔葬)하였다.

부인 영양 남씨(英陽南氏)는 부장(部將) 남순효(南舜孝)의 딸로 판서 남휘주(南暉珠)의 후손이다. 4남 1녀를 두었는데, 장남 기(佱)는 종사랑(從仕郞)이고, 차남 전(佺)은 학행으로 천거되어 의금부 도사(義禁府都事)에 제수되고, 3남 면(俛)과 4남 신(伸)은 모두 생원이고, 딸은 사인(士人) 구문기(具文紀)에게 시집갔다. 종사랑은 아들 셋을 두었는데, 기선(基善)·기경(基敬)·기업(基業)이다. 의금부 도사는 아들 둘을 두었는데, 기덕(基德)·기적(基績)이다. 생원 면(俛)은 아들 넷을 두었는데, 기홍(基弘)·기수(基壽)·기중(基中)·기륭(基隆)이다. 생원 신(伸)은 아들 여섯을 두었는데, 기발(基發)·기박(基博)·기립(基立)·기익(基益)·기석(基碩)·기달(基達)이다. 기선의 큰아들은 훈(鑂)이다. 증손과 현손 이하는 다 기재하지 못한다.

공(公)은 도량과 재능이 깊고 두터웠으며 마음가짐이 너그럽고 넓었다. 부모를 섬길 적에 안색을 살펴 봉양하며 부모의 뜻에 맞게 따르는 데에 힘썼다. 어려서는 도산(陶山: 이황)의 문하에서 공부하였는데 군자가 처신하는 방도를 들을 수 있었다. 선생(先生: 이황)이 일찍이 손수 잠명(箴銘)을 써서 주었고, 또 일러주었다.

“유가(儒家)는 의미가 스스로 분별되니, 문예에 힘쓰는 것은 유가가 할 일이 아니요, 과거에 나아가는 것도 유가의 일이 아니다.”

공(公)은 선생의 말을 받들어 지키며 감히 실추시키지 않았다. 학봉(學峯: 金誠一)과 서애(西厓: 柳成龍)와는 같은 문하의 벗이 되어 마음을 기울여 서로 허여하였다. 또 일찍이 류겸암(柳謙庵: 柳雲龍)·이간재(李艮齋: 李德弘)·금일휴(琴日休: 琴應夾) 등 여러 사람들과 기일을 정해놓고 산사(山寺)에 모여 《계몽(啓蒙: 역학계몽)》과 주자서(朱子書)를 강론하였다. 모친이 세상을 떠나자 다시는 과거에 응시하지 않고 지산(芝山)의 남쪽에 집을 짓고서 이로 인하여 자호(自號)를 지헌(芝軒)이라 하니, 원근의 배우려는 자들이 많이 찾아와 질정하였다. 세 아우를 가르치고 타일러서 모두 성취하게 하였는데, 매창공(梅窓公) 사신(士信)이 과거에 급제하여 조정에서 크게 현달하였다.

공(公)은 언제나 충(忠)과 효(孝) 두 자로 자신을 힘써 경계하였다. 필법(筆法) 또한 지극히 오묘하였으니, 천장(天將: 명나라 장수)의 부하로 서법(書法)을 잘 아는 자가 있었는데 공(公)의 사마시(司馬試) 시권(試券)을 보고 그 반을 잘라 가져가며 말했다.

"이는 천하의 지극한 보물이로다."

임진년(1592)에 수용(睟容: 影幀)을 받들었으나 동료의 일처리가 사람들의 생각과는 부합하지 않는 것이 많아서, 이로 인해 오래도록 벼슬이 오르지 않았으나 편안히 지내며 불평스러운 기색이 없었으며, 임금에게 이조(吏曹)에서 글로 아뢰고 연신(筵臣: 임금에게 經典을 講하던 벼슬아치)이 말씀드려 마침내 벼슬이 올랐어도 또한 기뻐하는 기색이 없었다. 일찍이 자제들에게 일러 말했다.

“모든 일이 마음속으로 반성해 부끄럽지 않다면, 얻는 것과 잃는 것은 근심할 바가 아니다.”

공(公)은 비록 낮은 지위로 시골에서 세상을 피해 살아 품은 뜻을 펼칠 수 없었지만 전란을 당하여 일 처리하며 조처한 것들이 모두 온당하였다. 주변 고을수령들에게 의병을 일으키고 병사를 합해서 조령(鳥嶺)과 죽령(竹嶺)을 지키도록 권하여 왜적의 공격로를 막았으니, 그 규모와 시행한 것 또한 대략 알 수 있다. 온갖 고난 속에서 엎어지고 자빠지며 여러 차례 죽을 고비를 겪으면서도 군주를 사랑하고 나라를 걱정하는 뜻을 반걸음 떼는 순간에도 잊지 않다가 종종 통곡하기에 이르렀다. 대개 충성스럽고 의로운 기상이 천성에서 온 것이고 또한 그가 배운 바의 힘이 발휘된 것이다.

공(公)은 옛것을 독실하게 믿고 예법을 따르기를 좋아하여 관혼상제(冠婚喪祭)에 있어서도 반드시 고례(古禮)를 따랐는데, 의심나는 것이 있으면 사문(師門)에 물어서 질정을 받았다. 병중에 있으면서 자식들을 돌아보며 일러 말했다.

“나는 이 선생님에게 가르침을 받은 은혜가 있으니, 내 비록 죽더라도 선생님의 제삿날에는 육류를 차리지 않고 잔치에 참여하지 않아서 내가 경모한 정성에 부응하도록 하여라.”

병이 위독해지자, 오히려 이 선생이 내려준 잠(箴)과 명(銘)을 한 번 소리 내어 외웠다. 이는 스승의 가르침을 가슴에 새겨서 일생을 마치려고 한 것이었다고 할 수 있다.

공(公)이 남겨놓은 글은 집안의 화재와 병란으로 말미암아 흩어져 분실되었다. 일찍이 공(公)의 덕을 기록한 행장은 창석(蒼石) 이준(李埈)에게 부탁한 것이었지만 또한 화재에 소실되었다. 어느덧 수백 년이 흘러서 아름다운 말과 훌륭한 행실이 대부분 없어지고 전하지 않으나, 오직 훌륭한 덕이 마을 사람들에게 밴 것만은 오래도록 사라지지 않았다. 아마도 일찍이 옥계서원(玉溪書院)에 제향(祭享)하였으나 국법에 의해 철거되었으니, 어찌 후학들의 끝없는 유감이 아니겠는가. 공의 증손자 정선(鄭鐥)이 유적을 수습하고 가전(家傳) 1통을 지어서 작은 상자에 보관한 지 오래되었다. 6세손 정중묵(鄭重默)·정중섭(鄭重燮) 등이 오래되면 될수록 더욱 징험할 수 없을 것을 크게 걱정하여 널리 찾고 두루 모아서 시문(詩文)과 잡저(雜著) 약간을 얻고, 연보(年譜)·만사(挽詞)·뇌문(誄文)·사우(師友)의 간찰(簡札)을 덧붙여 두 권으로 만들고 모두 나 상정(象靖)에게 보내어 그 아름다운 덕을 찬술하게 하였다.

스스로 생각건대, 후학의 얕은 학문으로써 당시에 미처 물 뿌리고 쓰는 일을 해드린 바도 없이 어찌 감히 문구를 잇고 사건을 나열하여 주제넘은 죄를 자초하겠는가. 다만 그들의 청이 더욱 간절하여 감히 끝내 사양하지 못하고 삼가 가첩(家牒)에 따라 이렇게 차례로 기록하고 그 사이에 마음으로 느낀 바를 덧붙여 입언(立言)하려는 군자가 상고할 수 있도록 한다.

|원문과 주석|

芝軒 壬辰日錄

萬曆 壬辰

• 四月

十三日壬寅。

辰初[1], 聞倭船三百餘隻, 現形於絶影島[2], 卽時下陸, 慶州[3]府尹尹仁涵[4], 領軍往蔚山[5], 獨留收軍不至。

---

1 辰初(진초): 오전 7시. 辰時는 오전 7시부터 9시 사이를 가리는 것인데, 7시를 辰初, 8시를 辰正이라 한다.

2 絶影島(절영도): 부산 남쪽 해안에 있는 섬. 釜山灣 안에 北西로부터 남동의 방향으로 가로놓여, 灣 안을 凍港과 서항으로 가르고 釜山港의 큰 방파벽을 이룬다.

3 慶州(경주): 경상북도 남동부에 위치한 고을.

4 尹仁涵(윤인함, 1531~1597): 본관은 坡平, 자는 養叔, 호는 竹齋·竹堂. 1581년 황주목사를 지내고 1584년 동지사로 명나라에 다녀와 공조·호조의 참의에 올랐다. 1592년 임진왜란 때 경주부윤이었는데, 정부에서 윤인함이 儒臣으로 나약하고 겁을 낸다 하여 교체하였다. 판관 朴毅長이 혼자 성안에 있다가, 적이 언양에서 지름길로 들이닥치자 성을 비우므로 경주성이 함락되었다. 이에 의병을 모집해 적병 수백 명을 죽였다. 뒤에 尹斗壽의 추천으로 湖西의 관찰사가 되었으나 곧 파직되고, 호조참의에 재임한 뒤 1596년 형조참판이 되었다. 이듬해 정유재란 때 迎慰使를 겸해 명나라 장수를 평양으로 영접하러 나갔다가 죽었다.

十四日癸卯。

朝, 聞十三日, 賊陷釜山浦, 鎭將[6]死焉, 兵使[7]住蔚山云。

十五日甲辰。

曉頭, 聞昨日午時, 賊又陷東萊, 府使[8]死之。

十六日乙巳。

監司[9]以梁山[10]·蔚山守[11], 定送助防將[12], 竝戰死。兵使退彦

---

5 蔚山(울산): 경상남도 북동부에 위치한 고을.

6 鎭將(진장): 釜山浦僉節制使 鄭撥(1553~1592)을 가리킴. 본관은 慶州, 자는 子固, 호는 白雲. 1592년 折衝將軍의 품계에 올라 부산진첨절제사가 되어 방비에 힘썼다. 4월에 임진왜란이 일어나 부산에 상륙한 왜병을 맞아 분전하였으나 중과부적으로 마침내 성이 함락되고 그도 전사하였다. 이때 첩 愛香은 자결하였고, 奴 龍月도 전사하였다.

7 兵使(병사): 慶尙左兵使 李玨(?~1592)을 가리킴. 임진왜란이 일어났을 때 경상좌병사로 울산 북방에 병영을 주둔하면서 부산진 전투와 동래 전투 동안 동래부사 宋象賢에게 수비를 맡겼으며, 경주성 전투를 앞두고는 그냥 내버려둔 채 달아났다. 한양이 함락된 뒤에 임진강에서 도원수 金命元에게 체포되어 참수되었다.

8 府使(부사): 東萊府使 宋象賢(1551~1592)을 가리킴. 본관은 礪山, 자는 德求, 호는 泉谷·寒泉. 1570년 진사에, 1576년 別試文科에 급제하여 鏡城判官 등을 지냈다. 1584년 宗系辨誣使의 質正官으로 명나라에 다녀왔다. 귀국 뒤 호조·예조·공조의 正郎 등을 거쳐 東萊府使가 되었다. 임진왜란이 일어나 왜적이 동래성에 쳐들어와 항전했으나 함락되게 되자 朝服을 갈아입고 단정히 앉은 채 적병에게 살해되었다. 충절에 탄복한 敵將은 詩를 지어 제사지내 주었다.

9 監司(감사): 慶尙監司 金睟(1547~1615)를 가리킴. 본관은 安東, 자는 子昂,

陽[13], 賊鋒甚銳, 慶州府尹, 罔知攸措。以眞殿[14]影幀事報監司。而回答不來。

同任[15]洪汝栗[16]曰: "當埋置內殿潔地."云, 吾以陪向京城之意

호는 夢村. 1573년 알성문과에 급제하여 평안도관찰사·경상도관찰사를 거쳐 대사헌, 병조·형조의 판서를 두루 지냈다. 임진왜란이 일어났을 때 경상우감사로 진주에 있다가 동래가 함락되자 밀양과 가야를 거쳐 거창으로 도망갔다. 전라감사 李洸, 충청감사 尹國馨 등이 勤王兵을 일으키자 함께 용인전투에 참가했으나 패배한 책임을 지고 한때 관직에서 물러났다. 당시 의령에서 의병을 일으켰던 곽재우와 불화가 심했는데 이를 金誠一이 중재하여 무마하기도 했으며, 경상감사로 있을 때 왜군과 맞서 계책을 세워 싸우지 않고 도망한 일로 사람들의 비난을 받았다.

10 梁山(양산): 梁山守. 梁山郡守 趙英珪(?~1592)를 가리킴. 본관은 稷山, 자는 玉瞻. 전라남도 長城에서 태어났다. 무과에 급제하여 龍川府使를 거쳐 梁山郡守가 되었다. 임진왜란이 일어나자 東萊府使 宋象賢을 찾아가 생사를 같이하기로 기약한 후, 노모가 있는 양산으로 돌아와 작별하고 다시 동래성으로 갔다. 이때 왜병이 동래성을 포위하고 있었는데, 單騎로 돌진하여 성내로 들어가 끝까지 싸웠으나, 성이 함락되자 송상현과 함께 殉節하였다.

11 蔚山守(울산수): 蔚山郡守 李彦誠(1538~1592)을 가리킴. 본관은 陽城, 자는 景信. 1572년 무과에 급제하고 1589년 비변사에서 무인을 채용할 때 鄭彦信의 추천을 받아 벼슬에 나아가기 시작하여 거제, 結城, 울산 군수를 지냈는데, 울산 군수 때 왜적과 싸우다 죽었다.

12 助防將(조방장): 主將을 도와서 적의 침입을 방어하는 장수.

13 彦陽(언양): 경상남도 울주군에 위치한 고을.

14 眞殿(진전): 왕의 초상화인 어진을 봉안하고 향사하는 처소. 태조진전은 서울의 文昭殿을 비롯하여 외방 5처, 즉 경주 集慶殿, 전주 慶基殿, 평양 永崇殿, 개성 穆淸殿, 영흥 濬源殿을 두었다.

15 同任(동임): 같은 직임. 鄭士誠이 1591년 慶州 集慶殿의 參奉에 제수되었기 때문이다.

16 洪汝栗(홍여율, 1563~1600): 본관은 南陽, 자는 子敬, 호는 盧舟子. 1585년

爭之, 則洪曰: "無朝廷之命, 不可陪向京城." 吾又爭之曰: "陪向京城, 固無朝廷之命, 埋置影幀, 果是朝廷之命乎? 旣不能留待朝廷指揮, 則埋置聖容, 臣子之所不忍爲。若後有擅動之罪, 則吾請自當." 遂決移奉之計, 參奉二人及守僕[17]三十餘人, 陪來宿安康[18]。

十七日丙午。

到永川[19], 奉安于館舍。○ 夕, 龍宮[20]縣監禹伏龍[21], 率醴泉[22]·龍宮軍, 過住川邊。○ 夜, 安東[23]判官[24]率軍過。

진사시에 합격하였으며, 임진왜란 때 集慶殿參奉에 재직 시 임진왜란이 일어나자 御眞을 안전하게 移安하는 공을 세웠다. 그래서 司憲府監察로 승차하였고 泰川縣監과 禮賓寺僉正을 거쳐 順天郡守에 이르렀다.

17 守僕(수복): 조선시대 壇·廟·園·陵寢·殿에서 청소하는 일을 맡은 사람.

18 安康(안강): 경상북도 경주에 위치한 마을.

19 永川(영천): 경상북도 남동부에 위치한 고을.

20 龍宮(용궁): 경상북도 예천에 위치한 고을.

21 禹伏龍(우복룡, 1541~1613): 본관은 丹陽, 자는 현길(見吉), 호는 懼庵·東溪. 1573년 司馬試에 합격하여 성균관 유생이 되었다. 임진왜란 때 龍宮縣監으로 용궁을 끝까지 방어, 그 공으로 安東府使에 올랐다. 1599년 洪州牧使가 되어 선정을 베풀고, 羅州牧使·忠州牧使를 거쳐 1612년 成川府使에 이르렀다.

22 醴泉(예천): 경상북도 북서부에 위치한 고을.

23 安東(안동): 경상북도 북부 중심에 위치한 고을.

24 安東判官(안동판관): 尹安性(1542~1615)을 가리킴. 본관은 坡平, 자는 季初, 호는 宜觀. 1572년 별시문과에 병과로 급제하여, 임진왜란이 일어났을 때 安東判官으로 안동성을 지키다가 서산으로 물러났다. 이후 南原府使가 되어 왜란

十八日丁未。

留, 郡守金潤國[25], 還自兵營。○ 監司關內, 賊將向竹嶺[26], 沿路各官, 設伏要害處, 村民則鑿地藏財物, 持米鹽入山事知委[27]。而金潤國閉門囚卒, 不通內外, 勸以送人間諜, 而不能用。○ 夕, 安東府使鄭熙績[28], 領軍來川邊。

十九日戊申。

留。○ 辰時, 參奉等道路奉行節目取稟事牒呈[29], 付安東公事

으로 혼란한 틈을 타 난민들이 官倉을 부수고 약탈과 살육을 자행하자 단신으로 말을 달려 수십 명을 죽여 난을 진압시키고 남원을 사수할 계획을 세웠으나, 巡檢使 金命元의 종사관이 되어 용인에 진을 쳤다. 그 뒤 숙천 부사를 역임하고, 또다시 전주 부사로 전직되어 금산에 침입하여온 적군을 막지 못하고 전주의 官庫을 소각하여 많은 미곡을 소실시켰다는 죄로 파직 당하였다.

25 金潤國(김윤국, 생몰년 미상): 본관은 光山, 자는 光輔. 1572년 별시에 급제하였으며, 榮川郡守와 善山府使를 역임하였다. 1593년 管糧官으로 재직 중 군량이 부족하자, 왜군이 慶州에 침범했다고 허위로 보고한 뒤 兵馬를 다른 곳으로 옮겨 갔다가 推問되었다. 명나라의 游擊將軍으로 조선을 도왔던 沈惟敬의 接伴使를 맡기도 하였다.

26 竹嶺(죽령): 경상북도 영주의 풍기와 충청북도 단양의 대강 사이에 있는 고개.

27 知委(지위): 명령을 내려서 알려줌.

28 鄭熙績(정희적, 1541~?): 본관은 河東, 자는 士勳. 1568년 별시문과에 병과로 급제하여 사헌부 지평을 거쳐 사간원 헌납에 서임되었다. 안동부사 때 임진왜란이 일어났는데, 勤王을 핑계로 처자를 거느리고 길주로 달려가 길주 부사가 되어 鄭文孚와 호응하여 왜적과 싸웠다. 그러나 비변사로부터 안동부사로 있을 때 왜적을 막지 않고 도망한 忘君負國의 죄를 지었다는 탄핵을 받았다.

29 牒呈(첩정): 하급관아에서 상급관아로 올리는 공문서.

吏崔仇知, 送監司, 道各官探候傳通不來, 可悶。

二十日己酉。

安東府使勸令移向上道, 而參奉等, 對以昨日朝, 纔報營門[30], 姑待監司回報, 乃行云。○ 傳通不來。朝, 守僕八九人, 以祭器祭服負來事, 從間道往慶州。

二十一日庚戌。

傳通不來, 南風大吹, 氣象荒唐, 府使曰: "此似殺氣。速速避去."云。而相與計議之際, 河陽[31]·慶山[32]等官文狀內, 傳通阻絶, 探候於淸道[33], 則密陽[34]已陷, 淸道亦空云。○ 慶州府尹[35]·防禦

---

30 營門(영문): 監司가 일을 보던 관아.

31 河陽(하양): 경상북도 경산 지역에 위치한 고을.

32 慶山(경산): 경상북도 남부에 위치한 고을.

33 淸道(청도): 경상북도 최남단에 위치한 고을.

34 密陽(밀양): 경상남도 동북부에 위치한 고을.

35 慶州府尹(경주부윤): 원래 尹仁涵이었는데, 이때 邊應星(1552~1616)이 새로 임명되었지만 도착하지 않음. 본관은 原州, 자는 機仲. 1592년 임진왜란이 일어나자 慶州府尹에 임명되었다. 그러나 일본군이 먼저 경주를 점령하여 부임하지 못하고, 8월 가평 전투에서 적과 싸워보지도 않고 도망쳤다는 이유로 백의종군하였다. 이듬해 2월 柳成龍이 그의 죄를 변호하여 경기방어사가 되었다. 利川府使가 되어서는 여주목사 元豪와 협력하여 남한강에서 적을 무찔렀다. 1594년 광주·이천·양주의 산간에 출몰하는 土賊을 토벌하였으며, 한강 상류 龍津에 승군을 동원하여 木柵을 구축하여 병졸을 훈련하였다.1596년 李夢鶴의 난이 일어났을 때는 용진과 여주 婆娑城을 수비하였다. 광해군 때에 훈련대

使[36]牒呈[37]內, 二十日申時, 彦陽陷城云。○ 安東公事吏崔仇知, 還來言: "今日食時, 監司爲賊所逐, 變服入伽倻山[38], 昨日午, 監司軍官前虞候來, 焚大丘官廳·司倉."云。○ 慶州往來守僕言: "今日食時, 登山遙望, 慶州城內, 煙焔漲天."云。府使相議曰: "賊已分左右道上來, 左道已到慶州, 右道已到大丘, 則安東了路, 恐有合攻之慮, 當向何處?" 商議久之, 蒼黃載馬, 欲入青松[39]山谷間, 而以日沒雲暗路險, 改出大路, 過新寧[40], 達夜奔馳。

二十二日辛亥。

到金谷驛[41]。人馬飢疲, 暫駐而來, 慶州城陷狀啓過。未及青路驛[42], 逢助防將[43], 只帶軍官下去。府使, 駐軍路傍交付事, 落後

장과 판윤에까지 승진하였다.

36 防禦使(방어사): 左防禦使 成應吉(생몰년 미상)을 가리킴. 1587년 順川府使, 1589년 전라병사를 역임하였다. 1592년에 임진왜란이 일어나자 左防禦使로 임명되어 경상도로 가던 중 조방장 朴宗男과 함께 義興에서 왜적을 만나 竹嶺을 거쳐 의주 行在所로 향하였다.

37 牒呈(첩정): 하급관아에서 상급관아로 올리는 문서.

38 伽倻山(가야산): 경상남도 합천군 가야면, 경상북도 성주군 가천면과 수륜면에 걸쳐 있는 산.

39 青松(청송): 경상북도 동부 중앙에 위치한 고을.

40 新寧(신녕): 경상북도 영천과 군위와 인접한 고을.

41 金谷驛(금곡역): 牛谷驛의 오기인 듯. 경상북도 군위군 의흥면.

42 青路驛(청로역): 경상북도 의성군 금성면 청로리.

43 助防將(조방장): 朴宗男(?~1601)을 가리킴. 1583년 북쪽 오랑캐 尼湯介를 칠

不來, 仍爲防將所執而留。參奉等, 只帶儀仗軍十餘名·軍官四五人上來, 過青路, 未及義城[44]五里程外, 府使送軍官, 走馬來報曰: “助防將言, 昨日尙州[45]·咸昌[46]軍四百餘名, 於仁同[47]地, 爲倭賊所害, 賊因向仁同, 須速速馳去云云.” 仁同相距只二息, 聞此言之後, 儀仗軍及軍官等, 皆欲離散, 及到縣前, 則軍人皆散。倉卒間, 罔知所措, 急奉影幀, 令軍官一人荷擔先走, 所棄儀仗, 無所處置, 不得已燒之, 痛泣痛泣。仍共向山谷, 欲東入周王山[48], 而軍官等, 稍稍亡去, 乃結裹油芚[49]載馬, 則守僕等以秣馬事, 皆落後相失。只有奴子一名守僕三名, 計無柰何, 蒼黃昏悶之際, 逢義城縣令[50], 自兵營交付軍人還來, 勸使陪奉向某處。初欲隱

때 공을 세워 折衝將軍에 승진하였고, 備邊司의 천거로 富寧府使가 되고 이어서 길주·온성 부사를 지냈다. 임진왜란 때는 春川府防禦使로서 적의 북진을 막아 여러 차례 공을 세웠다. 세자 광해군이 함경도에서 군사와 백성들을 위무할 때 호위대장으로 광해군을 호위하였으며, 그 뒤 分朝의 동부승지·병조참의로 임명되었다. 1593년에는 진주목사로서 부산에 주둔해 있던 왜군의 북상기도를 저지하는 책임을 수행하였다. 그러나 관찰사와의 의견충돌로 이듬해 파직되었고, 한때는 도원수의 휘하에서 鷹揚都別將을 지냈다.

44 義城(의성): 경상북도 중앙부에 위치한 고을.

45 尙州(상주): 경상북도 서북부에 위치한 고을.

46 咸昌(함창): 경상북도 상주에 위치한 고을.

47 仁同(인동): 경상북도 칠곡에 위치한 고을.

48 周王山(주왕산): 경상북도 청송에 위치한 산.

49 油芚(유둔): 鹿皮나 두꺼운 기름종이. 비가 올 때 수레나 가마를 덮는데 쓰였다.

50 義城縣令(의성현령): 李汝溫(1547~1616). 본관은 全義, 자는 而厚. 임진왜란 중 의성현령으로 재직하면서 군량미조달을 잘하였다 하여, 1593년 포상을 받고

周王山, 又欲隱星山[51], 又念賊人先鋒馳來物色之際, 形跡太露, 不若從間道踰嶺上京, 故自義城過安東, 而不入鄉家。從榮川[52]地山野小路, 或止山寺, 或止峽中民舍, 間關[53]越嶺。

二十三日壬子。

止山寺, 設卓奉影幀。

二十四日癸丑。

止峽中民舍, 擇淨處奉安。

二十五日甲寅。

過永春[54]。止於上縣。

二十六日乙卯。

午到堤川[55], 聞大駕西遷, 道路且塞, 末由前進。以此意稟報

면천군수가 되었다. 그 뒤 청주판관·통진현감·부평부사·옥천군수 등을 차례로 역임하고 1601년 풍덕군수가 되었다.

51 星山(성산): 경상북도 성주군의 선남면 성원리와 성주읍 성산리에 걸쳐 있는 산.

52 榮川(영천): 榮州. 경상북도의 최북단에 위치한 고을.

53 間關(간관): 길이 울퉁불퉁하여 걷기 곤란한 상태.

54 永春(영춘): 충청북도 단양에 위치한 고을.

奉行節次于忠淸監司。【監司卽尹先覺[56]也.】

二十七日丙辰。

留, 午主倅[57]行奉審禮。

二十八日丁巳。

留, 巳時主倅, 赴丹陽竹嶺。○ 午, 江原道防禦使文夢軒[58]·從事官朴慶新[59]過此, 勸使速往原州[60], 欲往而還留者, 蓋待監司回

---

55 堤川(제천): 충청북도 중앙에 위치한 고을.

56 尹先覺(윤선각, 1543~1611): 본관은 坡平, 자는 粹天, 어렸을 때의 이름 國馨, 호는 恩省·達川. 1592년 충청도관찰사가 되고, 임진왜란이 일어나자 왜적을 맞아 싸우다가 패전하여 삭직되었다. 뒤에 재기용되어 충청도순변사·판결사·중추부동지사 등을 거쳐, 비변사 堂上이 되어 임진왜란 뒤의 혼란한 업무를 수습하였다. 광해군 초 공조판서를 지냈다.

57 主倅(주쉬): 堤川縣監 韓護(?~1592)를 가리키는 듯. 본관은 淸州, 자는 惟景, 호는 松堂. 1591년 사마시에 합격하고 제천현감으로 재임 중 임진왜란을 맞았다. 스스로 의병을 이끌고 錦山전투에 참전하여 趙憲과 함께 순절하였다.

58 文夢軒(문몽헌, 1535~1593): 본관은 南平, 자는 汝吉. 1578년 강계판관을 지냈고, 1589년 姜暹에 의하여 武將으로서 천거되었다. 1592년 강원도방어사를 거쳐 회령부사로 재임 중 회령아전 鞠景仁에 의하여 임해군·순화군의 두 왕자와 함께 잡혀 일본군에게 포로로 넘겨졌다.

59 朴慶新(박경신, 1539~1594): 본관은 竹山, 자는 仲吉, 호는 寒泉·三谷. 1592년 임진왜란 때는 淸都助戰將으로 참전하고 순변사 李鎰의 從事官으로 활동하였다. 해주목사에 임명되어서는 전란으로 인한 피해의 복구와 민폐의 제거에 힘써 민심을 안정시켰으며, 首陽山城을 수축하여 방비태세를 굳건히 하였다. 1594년 밀양부사로 부임하여 관민을 소집, 훈련시켜 전시태세를 갖추고 전공을

報故也。○ 巡察使關來, 二十五日, 尙州陷城云。

二十九日戊午。

夜二更, 防禦使欲向忠州, 中路走回言: "忠州, 二十八日午時, 已陷城." 卽卽治裝, 達夜奔馳。朝, 行到神林驛[61], 聞江原監司[62]入原州, 以草笠單騎, 馳入橫城[63], 原州牧使[64], 亦棄城走入山寺云。夕, 到平昌縣[65], 謀奉入山。

세워 정부의 포상을 받았다. 그러나 1597년 정유재란 때는 전주부윤으로 있으면서 성을 버리고 달아나 파직당하였다. 전란이 평정된 뒤 다시 瑞興府使로 기용되었고, 뒤이어 동래부사·삼척부사·형조참의 등 내외 관직을 지냈다.

60 原州(원주): 강원도 남서부에 위치한 고을.

61 神林驛(신림역): 강원도 原州에 있던 驛.

62 江原監司(강원감사): 柳永吉(1538~1601)을 가리키는 듯. 본관은 全州, 자는 德純, 호는 月峰. 1589년 강원도관찰사가 되어 임진왜란 때 춘천에 있었는데, 이때 조방장 元豪가 驪州 甓寺에서 왜군의 도하를 막고 있었는데, 檄書를 보내어 본도로 호출함으로써 적의 도하를 가능하게 하는 실책을 범하였다. 1593년 도총관·한성부우윤을 역임하고, 다음해 賑恤使가 되었으나 언관의 탄핵을 받아 파직되었다. 1597년 정유재란이 일어나자 호군·연안부사가 되고, 2년 뒤 병조참판·경기도관찰사를 역임하였다.

63 橫城(횡성): 강원도 남서부에 위치한 고을.

64 原州牧使(원주목사): 金悌甲(1525~1592)을 가리키는 듯. 본관은 安東, 자는 順初, 호는 毅齋. 1592년 임진왜란이 일어났을 때 원주목사로 있었는데, 왜장 모리[森吉成]가 거느린 왜군이 관동지방을 휩쓴 뒤에 원주를 침공하여오자 가족과 주민을 이끌고 경내의 요새인 鴒原山城으로 들어가 방어에 임하였다. 그러나 요새만을 믿고 따로 대비책을 세우지 않았다가, 산성의 허점을 틈탄 왜군의 공격으로 결국 성이 함락되자 부인 이씨, 아들 金時伯과 함께 순절하였다.

65 平昌縣(평창현): 강원도 중남부에 위치한 고을.

三十日己未。

自朝大雨。平昌主倅[66]給糧十斗，仍率軍往赴京城。午，見旌善[67]倅鄭思伋[68]，言："闕內痛哭，自上入繩鞋千部，立馬五十匹，將欲入鐵原[69]." 奉聞國事，寧欲溘然[70]，而背負聖容，亦不得自由，只自西望痛哭而已。路人又傳言，賊將入原州·橫城云。夕，出宿郡前鐵匠家。夜，大雨。

● 五月

初一日庚申。

冒雨率官人億卜，向東面鹿谷倉，山路險惡，宿鬱雲定虜衛[71]

---

66 平昌主倅(평창주수): 평창현감 權斗文(1543~1617)을 가리키는 듯. 본관은 安東, 자는 景仰, 호는 南川. 榮州 출신. 1592년 평창군수가 되었으나 임진왜란이 일어나자 아들 권주와 함께 적에게 잡혔다. 적 가운데 있으면서 적의 정세를 세밀히 탐지해 관군에게 알렸는데, 이때의 일을 기록한 것이《虎口日錄》이다. 원주에 이르렀을 때 깊은 밤을 이용하여 아들과 함께 탈출하였다. 이듬해 행재소에 이르러 봉상시주부가 되었고, 환도 후 軍資寺僉正을 거쳐 예천·진산·영천·금산 등의 수령이 되었다. 1602년에 사섬시정을 거쳐 杆城의 수령을 지내고 내자시정·통례원정을 역임하였다.

67 旌善(정선): 강원도 남동부에 위치한 고을.

68 鄭思伋(정사급, 1537~1597): 본관은 慶州, 자는 希望.

69 鐵原(철원): 강원도 북서부에 위치한 고을.

70 溘然(합연): 갑자기 세상 뜨는 것을 일컫는 말.

71 定虜衛(정로위): 조선시대 북변 방비를 위하여 편성한 군대.

金邦福家。

初二日辛酉。

朝, 蒙雨露發行, 踰加峴, 又踰漆峴, 人馬十步九顚, 艱難越險渡江, 炊食於篙工[72]家。午, 投杏林谷李溫家, 見榮川人鄭千, 相見甚欣, 送人取粟于倉。

初三日壬戌。

得公回自鹿谷言: "悍賊稱倭入寧越郡[73], 郡人皆走匿, 得一掌務[74], 結縛杖打, 問主倅妻屬之所在, 仍欲向旌善云." ○ 夕, 聞平昌官人, 昨自京來言: "主上二十八日移御[75], 命次王子守城."云, 不覺痛哭。

初四日癸亥。

朝, 聞榮川人自京馳過, 送人問奇, 則乃金允誼[76]也。自云: "去月二十六日出城, 尋小路間關南來。中路聞主上避御[77]云."

---

72 篙工(고공): 사공.

73 寧越郡(영월군): 강원도 남부에 위치한 군.

74 掌務(장무): 掌務書吏. 각 관아의 장관 밑에서 직접 사무를 主掌하는 관원.

75 移御(이어): 임금이 거처하는 곳을 옮김.

76 金允誼(김윤의): 본관은 禮安. 金友益(1571~1639)의 아버지.

77 避御(피어): 임금이 피난을 감.

問舍弟[78]家事, 亦不明言。大概國事至此, 京城又無戒嚴之備, 道路傳聞, 雖不可盡信, 號痛罔極。○ 午後, 軍士金應善, 自橫城回言: "賊已涉楊根[79]沙灘, 至楊州[80]忘吾里[81], 向京城云." ○ 慶人·院人, 皆欲離叛而去, 雖反覆曉喩, 不能止。是夜雨作, 欲留則糧絶, 欲往則道阻, 極悶極悶。

初五日甲子。

雨。午, 鄭千之子鄭莫同·鄭希俊, 以赴京軍[82], 回自楊根黃頃, 言: "平昌倅, 見榮川下番軍士, 自京來傳申砬[83]軍敗." 言念

---

78 舍弟(사제): 남에게 대하여 자기 아우를 겸손하게 일컫는 말. 鄭士信(1558~1619)을 일컫는다. 본관은 清州, 자는 子孚, 호는 梅窓·神谷. 1582년 식년문과에 급제하고, 사간원 정언, 密陽府使 등을 역임하였다. 1592년 임진왜란 때 지평으로서 왕을 따라 평양으로 피난중 盤松亭에서 이탈하였다 하여 삭직 당하였다. 그 뒤 강원도지방에서 의병을 모아 많은 왜적을 무찌른 공으로 1594년 경상도도사, 1595년 선산군수가 되고 1609년 문과중시에 을과로 급제하였다.

79 楊根(양근): 경기도 楊平의 옛 명칭. 양평은 경기도 동부에 위치한 고을이다.

80 楊州(양주): 경기도 중북부에 위치한 고을.

81 忘吾里(망오리): 忘憂里의 오기. 태조 이성계가 자신이 묻힐 땅을 정하고 환궁하던 길에 이 고개에서 잠시 쉬며 그곳 동구능터를 바라보면서 이제 모든 근심을 잊겠다고 한데서 유래하였다는 이야기가 있다.

82 京軍(경군): 조선시대 중앙군. 한양 각 營門에 소속된 군사이다.

83 申砬(신립, 1546~1592): 본관은 平山, 자는 立之. 1567년 무과에 급제하여 1583년 북변에 침입해온 尼湯介를 격퇴하고 두만강을 건너가 野人의 소굴을 소탕하고 개선, 함경북도 병마절도사에 올랐다. 임진왜란 때 三道都巡邊使로 임명되어 忠州 㺚川江 彈琴臺에서 背水之陣을 치며 왜군과 분투하다 패배하

時事, 不覺痛哭。○ 原州·平昌·橫城等, 官軍皆散去, 平昌倅亦還官, 持印欲付郡人智奉事[84]而遁去云。

初六日乙丑。

晴。不得已謀欲向南, 卽與洪子敬, 得引路者鄭千, 踰竹嶺欲向古峴[85]。逢權平昌衙奴[86], 自南來言: "夜逢悍盜數十人, 刦奪衣糧。脫冠僅免." 故從間道南歸, 乃從谷中小路, 經寧越社倉[87], 踰大小沙峴, 宿交陳里鋤音山家。聞南中盜賊大起, 晝夜攻刼人, 道路不通, 欲尋老母親屬, 而不可得, 痛悶痛悶。

初七日丙寅。

鄭千還歸, 給木半疋粟七斗, 以送之。踰大嶺都歷岾, 見琴而述[88]·汝若[89]兄弟, 聞南中聲息, 而述饋酒食, 止宿隣家。

여 부하 金汝岉과 함께 강물에 투신 자결했다.

84 智奉事(지봉사): 訓鍊奉事 智士涵(1534~?)을 가리킴. 본관은 堤川, 자는 養仲. 1583년 별시에 급제하였다.

85 古峴(고현): 예고개. 경상북도 榮州에 위치한 고개.

86 衙奴(아노): 지방의 수령이 사사로이 부리는 관아의 사내종.

87 社倉(사창): 조선시대 각 지방 군현의 촌락에 설치된 곡물 대여기관.

88 而述(이술): 琴胤先(1544~1626)의 字. 본관은 奉化. 1592년 임진왜란 때 安集使 金玏의 부름을 받고 의병장이 되었다. 군량을 모으고 무기를 수습하여 의병장 任屹·金涌 등과 왕래하면서 적을 물리칠 것을 꾀하였다. 1593년 도원수 權慄의 막하에 있으면서 별장 權應銖, 방어사 金應瑞 등과 약속하여 적진에 나아

初八日丁卯。

朝, 踰一山, 始見老母及家屬於奉化[90]沙器店。驚喜欲倒。不覺悲泣。○ 午, 權公亮[91]給穀十餘石, 朴靜吉來見, 洪子敬亦留。

初九日戊辰。

大雨終日, 冒雨入奉化, 縣監黃是[92]忽遇, 相持痛哭, 給醬一甕·米豆各一石, 且得還上穀[93]租十石·木麥五石·白米一石, 仍得負御容之人, 與之飮食。○ 午, 始詳聞 主上三十日四更一點, 出新門[94]至沙峴, 騎馬向平壤。國事至此, 直仰天於邑[95], 柰何柰何? ○ 是夜大雨, 山谷崩毁。

가 적의 40여 막사를 불 질렀다. 이 전공으로 宣武二等功臣에 책록되었다.

89 汝若(여약): 琴順先(1547~)의 字. 본관은 奉化.

90 奉化(봉화): 경상북도 북부에 위치한 고을.

91 公亮(공량): 權采(1557~1599)의 字. 본관은 安東, 호는 松巖.

92 黃是(황시, 1555~1626): 본관은 昌原, 자는 是之, 호는 負暄堂. 1584년 친시 문과에 급제, 1594년 병조정랑을 거쳐 지평, 이듬해 問禮官과 응교를 지냈다. 1596년 시강원보덕을 거쳐 사성을 지내고, 뒤에 청송부사가 되어서는 선정을 베풀었다.

93 還上穀(환상곡): 조선시대에 각 고을의 사창에서 백성에게 꾸어주고 가을에 이자를 붙여 받아들이던 곡식.

94 新門(신문): 한양의 4대문의 하나인 敦義門(서대문)을 통속적으로 이르는 말.

95 於邑(어읍): 嗚咽. 목매어 욺.

初十日己巳。

溪澗漲溢如海，人不通行。

十一日庚午。

奴子得還上來，聞縣人作亂，欲打鄉所[96]。○ 午，與子敬欲尋林同不遇，因雨止宿于李景淹[97]家。

十二日辛未。

李希程[98]·希范來見。午，同子敬，冒雨向宣城[99]，止琴河陽[100]避所，宿隣家，相議可往處所。

---

96 鄕所(향소): 조선시대에 지방의 수령을 보좌하던 자문기관. 풍속을 바로잡고 향리를 감찰하며, 민의를 대변하였다.

97 李景淹(이경엄): 본관은 全州. 侍中公派. 李基定의 서자.

98 李希程(이희정, 1532~1612): 본관은 眞城. 자는 伊甫, 호는 桐岡. 家學의 전통을 계승하였다. 장성하여서는 경상도 禮安縣의 陶山書院, 隴雲精舍에 머물면서 독서를 하였다.

99 宣城(선성): 경상북도 禮安의 옛 지명.

100 琴河陽(금하양): 琴應夾(1526~1596)을 가리킴. 본관은 奉化, 자는 夾之, 호는 日休堂. 예안 출신이다. 1555년 사마시에 합격하고, 1574년 行義가 조정에 알려져 集慶殿參奉을 제수받았다. 다시 敬陵·昌陵의 참봉, 王子師傅에 제수되었으나 모두 취임하지 않았다. 1587년 조정에서는 遺逸로 뽑아서 6품직을 超授(일정한 승진단계를 뛰어넘어 관직을 제수함)하고 河陽縣監을 제수하였으나, 얼마 되지 않아서 부모의 봉양을 이유로 사직하였다. 1595년 翊贊에 제수되었으나 나가지 않았다. 李滉의 문하에서 수학하였다. 河陽은 경상북도 慶山의 옛 지명이다.

十三日壬申。

子敬與琴河陽, 同往溪上[101]。○ 朝, 呼柏洞精舍[102]僧惠雄[103], 議奉安處所, 仍給木三疋。午, 向宣城, 子敬隨來同宿。京奇則紛紜不同, 又聞倭賊結黨, 或百餘人, 或數十人, 橫行義城·多仁[104]·咸昌間, 焚蕩村舍, 虜掠婦女財産。只持槍劍, 而無他弓矢, 若我國人持弓矢, 則奔避乞和。○ 申之孝[105]被傷云。○ 宣城倅獨全一境, 安堵如舊, 倉庫軍器, 皆依舊, 奇男子也, 奇特奇特。【宣倅, 卽申梧峯[106].】

---

101 溪上(계상): 경상북도 안동 兎溪를 가리킴. 李滉이 50세에 토계의 서쪽에 寒栖菴을 지었고, 51세에 토계의 북쪽에 溪上書堂을 지었으며, 57세 무렵에 陶山 남쪽에 새로운 거처를 마련하여 착공한 지 5년만인 61세에 陶山書院을 지었다.

102 柏洞精舍(백동정사): 柏洞書堂. 임진왜란 당시 禮安에 있었던 서당.

103 惠雄(혜웅): 葛川 林薰(1500~1584), 淸江 李濟臣(1536~1583), 勿巖 金隆(1549~1594), 黔丹 조정(1555~1636) 등과 교류한 승려인 듯.

104 多仁(다인): 경상북도 의성 지역에 위치한 고을.

105 申之孝(신지효, 1561~1592): 본관은 鵝洲, 자는 達夫. 호는 鷹巖. 1592년 임진왜란이 일어나자 5월 왜병을 피해 어머니 高敞吳氏[아버지 申夢得의 후처]를 모시고 鷹洞[또는 泉洞, 현 경상북도 의성군 봉양면 길천리] 巖穴에 피신하였다. 그러나 쫓아온 왜병에게 발각되어 왼쪽 어깨를 칼로 베이고 말았다. 피를 흘리며 죽기 직전에 칡을 입으로 씹어 붓을 만들었다. 이어 禮安縣監을 지내고 있던 仲弟 申之悌에게 주기 위한 血書를 쓰고 난 뒤 죽음을 맞이하였다.

106 梧峯(오봉): 申之悌(1562~1624)의 호. 본관은 鵝洲, 자는 順夫. 의성 출신이다. 1589년 증광문과에 급제, 1601년 正言·예조좌랑, 이듬해 持平·成均館典籍 등을 거쳐 1604년 世子侍講院文學·成均館直講을 역임하였다. 1613년 창원부사로 나가 백성을 괴롭히던 明火賊을 토평하고 민심을 안정시켜 그 공으로 통정대부에 올랐고, 인조반정 초에 동부승지에 제수되었으나 부임하지 못하고

十四日癸酉。

監司軍官趙判官鵬[107], 自青松來, 欲得馬向尙州, 仍往咸安家山[108], 主倅不給。吾亦大言叱之, 勸主倅往見安集使金玏[109]于榮川, 倡義合兵, 討義城·青松間零賊[110], 且連兵龍宮, 塞竹嶺·鳥嶺等路。俄聞宣城倅, 卽與趙馳往安集使處。又聞慶判朴毅長[111]來安東, 馳往欲與同事, 則朴公昨已還寧海[112], 乃折簡付渠奴子, 走歸寧海。且作書安汝止[113]呼權詮[114]輩。是夕, 宿奴允卜家。家鄕[115]

죽었다.

107 趙判官鵬(조판관붕): 趙鵬(1534~1598). 본관은 咸安, 자는 大益. 임진왜란이 일어났을 때 昌原都護府의 副護軍이었다. 李舜臣과 각별한 친분으로 전략을 수시로 논의하였으며, 정유재란 시에는 訓鍊院副正으로 蔚山城 전투에서 향병을 거느리고 선두에서 왜적과 싸웠으나 중과부적으로 적에게 사로잡혔다가 鶴城에서 죽었다.

108 家山(가산): 先山. 집안의 묘지.

109 金玏(김륵, 1540~1616): 본관은 禮安, 자는 希玉, 호는 柏巖. 1576년 식년문과에 병과로 급제했다. 임진왜란 때 安集使로 영남 지방의 민심을 수습하고, 1595년 대사헌이 되어 時務十六條를 상소하였다.

110 零賊(영적): 보잘것없는, 수효가 적은 도적.

111 朴毅長(박의장, 1555~1615): 본관은 務安, 자는 士剛. 1577년 무과에 급제하였다. 1592년 임진왜란 때 慶州府尹으로서 경상좌도 병마절도사 朴晉과 함께 경주 탈환 작전에서 火車인 飛擊震天雷를 사용하여 적군을 크게 무찔렀다. 그 전공으로 경상좌도 병마절도사에 승진하였으나 재임 중에 임지에서 61살로 죽었다.

112 寧海(영해): 경상북도 盈德의 옛 지명.

113 汝止(여지): 안제(安霽, 1538~1602)의 字. 본관은 順興, 호는 東皐. 1580년 문과에 급제하고, 성균관 학유·사헌부 감찰·용궁 현감 등을 역임하였다.

事慘, 不忍見聞, 訛言相傳, 賊倭來閭里, 紛蕩人家, 氣焰可怕, 故人民奔竄, 擧皆褫魄, 莫保朝夕云。○ 聞子敬奴持衣馱到溪上, 吾衣馱, 則在吉安[116]李生員家云。○ 慶人持祭器歸。

十五日甲戌。

聞安東邑內擲石人, 群聚五百餘人, 欲爲合力討賊, 而無主將。且前日府使鄭熙績棄城時, 官家倉庫, 米布及軍器等物, 開門令民任意取去, 各縣倉穀, 一時空虛, 器械板蕩。今雖欲調發軍兵, 閭里皆空, 軍糧亦無取辦, 鄭之罪, 可勝誅哉? 鄕所等, 曾無一人救止之, 皆竄伏不出, 痛憤柰何? 午後, 還向宣城。主倅時未回還, 見琴河陽·金同福[117]【雪月堂】, 而欲往子敬所, 偶見吳

---

114 權詮(권전, 1549~1598): 본관은 安東. 1582년 무과에 급제하였다. 임진왜란 초기 육지에서 安集使 金玏에 의해 안동대호부 領兵將에 추대되었다. 그 후 丑山浦萬戶를 지내면서 축산의 창녕 전투에 참전하였다. 그리고 그해 7월 영해의 위정산 골짜기에서 왜군을 크게 격퇴시키는 전공을 세웠다. 그후 용궁지역의 의병을 이끌고 우두원에서 전투를 벌였으나 패전하였다. 정유재란 직전 잠시 郭再祐 의병진에서 활동하였다. 정유재란이 발발했을 때 고성현령을 역임하던 8월 이후부터는 이순신 휘하에서 활동하며 9월에는 명량해전 등에 참전하여 전과를 올렸는데, 1598년 노량해전 때 이순신과 같이 순국하였다.

115 家鄕(가향): 자기 집이 있는 고향.

116 吉安(길안): 경상북도 안동 지역에 위치한 고을.

117 金同福(김동복): 金富倫(1531~1598)을 가리킴. 본관은 光山, 자는 惇敍, 호는 雪月堂. 李滉의 문인으로 1555년 사마시에 합격, 1572년 遺逸(학식과 인품을 갖추었으나 세상에 알려지지 않은 인재를 천거하는 등용책)로 천거되어 集慶殿參奉에 제수되었으나 부임하지 않았다. 1585년에 전라도 同福縣監으로 부임하

景泓[118]。昏夕同來，宿景泓家，吳進士來見同宿。○ 我國人，東萊陷後，自兵營至忠州，皆不放一矢而散去云。人皆惕於鋒鏑，望風奔潰，不勝駭痛。

十六日乙亥。

留卜二馱於景泓家，宣城知舊[119]如河陽及吳丈[120]，皆力勸還來關峙，送人探問裴山家，則其人來報空虛。令(佡)[121]兒往奉城[122]移妻子。自往關峙，則路險且高，盡日步行，十顚九倒，艱難得達，則權默家屬，入已久矣。不得已回來。宿于河九淵家。朝到

여 향교를 중수하고 봉급을 털어 서적 8백여 책을 구입하는 등 지방교육 진흥에 많은 공헌을 하였고, 또 學令 수십조를 만들어 학생들의 교육에도 힘썼다. 1592년 임진왜란이 일어나자 가산을 털어 鄕兵을 도왔고, 봉화현감이 도망가자 假縣監이 되어 선무에 힘썼다. 그리고 관찰사 金睟에게 적을 막는 三策을 올리기도 하였다.

118 景泓(경홍): 吳澋(1554~?)의 字. 본관은 高敞, 호는 思巖. 예안 출신이다. 아버지는 吳守盈이다.

119 知舊(지구): 오래 전부터 가까이 사귀어 온 친구.

120 吳丈(오장): 吳守盈(1521~1606)을 가리키는 듯. 본관은 高敞, 자는 謙仲, 호는 春塘·桃巖. 1555년 진사시에 합격하였고, 1605년 壽職으로 龍驤衛副護軍이 되었다. 어려서 이황의 형제들과 함께 외할아버지인 李堣에게 글을 배웠고, 뒤에 이황을 스승으로 섬겨 일거일동을 지시에 따르니 스승도 《二程全書》를 손수 베껴주었다. 1592년 임진왜란이 일어났을 때 72세의 고령으로 직접 전쟁에 참가하지 못함을 한탄하여 趙穆과 金誠一에게 글을 보내 국방에 전력함을 독려하고, 李如松에게도 글을 보내 전공을 치하하였다.

121 佡(기): 鄭士誠의 첫째아들.

122 奉城(봉성): 경상북도 봉화에 위치한 고을.

溫溪[123], 聞宏仲[124]·彦康[125], 初一日, 出城逢賊倭, 僅免而來云。

十七日丙子。

顚沛出險, 或親負聖容, 背浮脚痛, 一時交發, 而蒼黃竄避之際, 亦不知其難堪也。踰新羅峴[126], 至奉化則縣廨民舍, 蕩然空虛, 鷄犬亦無, 驚慘不忍見。其日宿于金谷[127]菴, 僧多難容, 可悶。夕, 省老母于沙店, 見安汝止, 往末村, 柳褀·柳仁榮[128]·金澈[129]等, 自安東來云。安集使, 今夕當入奉化, 明向禮安, 欲合兵云。又言: "金士純[130]令公, 爲招諭使."云, 若得此人, 可以成

---

123 溫溪(온계): 경상북도 안동시 陶山面 溫惠里.

124 宏仲(굉중): 李德弘(1541~1596)의 字. 본관은 永川, 호는 艮齋. 예안 출신이다. 1578년 조정에서 이름난 선비 아홉 사람을 천거할 때 제4위로 뽑혀 集慶殿參奉이 되고, 이어 宗廟署直長·世子翊衛司副率를 역임하였으며, 1592년 임진왜란이 일어나자, 세자를 따라 성천까지 호종하였다.

125 彦康(언강): 琴愷(1562~1629)의 字. 본관은 奉化, 호는 望月軒. 1591년 생원시에 합격하였고, 1601년 문과에 급제하여 1611년 금산군수, 1614년 성균관전적을 거쳐 여주 목사 등의 관직을 두루 역임하였다. 홍여율과 동서간이다.

126 新羅峴(신라현): 경상북도 봉화군의 상운면 산라리에 위치한 고개. 상운면 문촌리와 안동시 도산면 태자리를 잇는 길목에 있다.

127 金谷(금곡): 경상북도 예천군 용문면 上金谷里.

128 柳仁榮(류인영, 1565~1620): 본관은 全州, 자는 德晦, 호는 온제. 鶴峯 金誠一의 생질이다.

129 金澈(김철, 생몰년 미상): 본관은 義城. 金涌의 동생으로, 鶴峯 金誠一의 조카이다.

130 士純(사순): 金誠一(1538~1593)의 字. 본관은 義城, 호는 鶴峯. 1590년(通信

事, 是誠國家之幸也。

十八日丁丑。

午, 向禮安, 乃奉安聖容於退溪書堂。洪子敬之妻父[131], 新構齋舍, 謂洪曰: "常時則各參奉, 雖相遞番, 當此亂離時, 日固當合番, 不可須臾離出." 仍同留十餘日。○ 厥後。復聞尙州·龍宮留倭數十名, 追奔至安東·禮安官門而返, 急急更陪, 奉安于淸凉[132]深洞。

副使로 일본에 파견되었는데, 이듬해 돌아와 일본의 국정을 보고할 때 "왜가 반드시 침입할 것"이라는 正使 黃允吉과는 달리 민심이 흉흉할 것을 우려해 왜가 군사를 일으킬 기색은 보이지 않는다고 상반된 견해를 밝혔다. 그해 부호군에 이어 대사성이 되어 승문원부제조를 겸했고, 홍문관부제학을 역임하였다. 1592년 형조참의를 거쳐 경상우도병마절도사로 재직하던 중 임진왜란이 일어나자, 이전의 보고에 대한 책임으로 파직되었다. 서울로 소환되던 중, 허물을 씻고 공을 세울 수 있는 기회를 줄 것을 간청하는 柳成龍 등의 변호로 稷山에서 경상우도초유사로 임명되어 다시 경상도로 향하였다. 의병장 郭再祐를 도와 의병활동을 고무하였고, 함양·山陰·단성·三嘉·거창·합천 등지를 돌며 의병을 규합하였으며, 각 고을에 召募官(조선시대에 의병을 모집하기 위하여 임시로 파견하던 벼슬)을 보내 의병을 모았다. 또한 관군과 의병 사이를 조화시켜 전투력을 강화하는데 노력하였다. 그해 8월 경상좌도관찰사에 임명되었다가 곧 우도관찰사로 다시 돌아와 의병규합과 군량미확보에 전념하였다. 또한 진주목사 金時敏으로 하여금 의병장들과 협력하여 왜군의 침입으로부터 진주성을 보전하게 하였다. 1593년 경상우도순찰사를 겸해 도내 각 고을에 왜군에 대한 항전을 독려하다 병으로 죽었다.

131 妻父(처부): 현전하는 문헌상으로는 퇴계 이황의 손자 李安道(1541~1584)가 홍여율의 장인인데, 이안도는 임진왜란 전에 죽은 인물임. 문헌상으로는 확인할 수 없으나 홍여율이 재취한 것인지 확인할 수 없다.

十九日戊寅。

聞安集使, 歸安東調兵, 擲石軍等逃匿云。奴輩歸, 子安[133]歸本家云。終日大雨, 山中更無所聞。

二十日己卯。

曉, 昌坪[134]軍士李順希, 來言: "今日奉化倅點考軍兵."云, 又言: "初五日, 發自京城, 賊倭入京後, 我國脅從者[135]皆散, 倭人自刈馬草, 又無見糧, 外兵方逼, 故賊閉門自守, 殆將餓死."云。○ 義城賊移向軍威云, 而此言未知信否? 子安中路回言: "路逢義城官人, 自平山[136]來, 言: '賊倭留京者, 四援兵將以十六日合兵鏖之, 李墍[137]令公主議, 多殺賊.'云." ○ 李希程·權山起[138]來

---

132 淸涼(청량): 淸涼山. 경상북도 봉화군 명호면 남쪽에 위치한 산.

133 子安(자안): 鄭士誠의 동생인 鄭士恭(1555~1593)의 字. 본관은 淸州, 호는 竹軒. 삼척 교수를 지냈다.

134 昌坪(창평): 경상북도 봉화군 봉성면에 위치한 고을.

135 脅從者(협종자): 위협 당하여 복종한 자.

136 平山(평산): 황해도 남동쪽에 위치한 고을.

137 李墍(이기, 1522~1600): 본관은 韓山, 자는 可依, 호는 松窩. 1591년에는 대사간이 되었다. 이듬해 임진왜란이 일어나자 順和君을 보필하면서 강원도에 내려가 의병을 모집하였다. 1595년 다시 부제학이 되었다. 이듬해 대사간·대사헌·동지중추부사를 차례로 역임한 뒤 이조판서에 올랐다. 1597년에 다시 지중추부사·대사헌·지돈녕부사·예조판서 등을 차례로 역임하였다. 1599년에 다시 대사헌이 되고, 이어 예조판서·이조판서를 역임했다.

138 權山起(권산기, 1561~1646): 본관은 醴泉, 자는 景漸. 鄭士誠의 둘째 누나의

過。玉奉[139]來言："安撫使，向安東收兵云."

二十一日庚辰。

安撫使來奉安所。募置守護軍[140]三十名。蓋慮其有不意之變也。○ 朝，聞李景淹之子入縣，榮川關內，京賊多死，殆盡殲云，而未知信否，憫憫。○ 午，權士義[141]兄過，大雨。

二十二日辛巳。

乍晴。江陵[142]人來傳正言[143]家率冒死得歸之奇，其人言："楊州多平院之倭，江原監司[144]及右相[145]諸公，會鐵原，勦擊殆盡

사위이다. 곧 매형 朴渙의 사위이다. 병자호란이 일어나자 출정하여 군공을 세웠다.

139 玉奉(옥봉): 玉峯의 오기. 權暐(1552~1630)의 호. 본관은 安東, 자는 叔晦. 퇴계 이황을 사사한 金彦璣의 제자이다. 약관의 나이에 監試에 나아가 東堂別試에 합격하고, 1601년에 과거에 응시하여 급제하였다. 성균관 전적에 제수된 후 얼마 안 있어 공조좌랑으로 옮겼다. 이때 중국의 사신 顧天俊이 조선에 왔는데, 沈喜壽가 공조판서로서 館伴을 맡게 되어 사신을 맞이하는 예법을 권위에게 의지했는데, 심희수는 그 인품을 높이 평가하고, 매번 "지위가 덕에 못 미친다."고 탄식했다 한다. 鄭士誠의 매제 權晤(1565~1649)가 권위의 동생이다. 자는 子晦, 호는 鳶魚亭. 글씨에 뛰어나 書聖이라 불렸다.

140 守護軍(수호군): 守墓軍. 조선시대 능묘의 수호관리를 담당하던 능지기.

141 權士義(권사의, 생몰년 미상): 본관은 安東, 자는 宜仲. 1540년 식년시에 급제하였다.

142 江陵(강릉): 강원도 영동지역 중앙부에 위치한 고을.

143 正言(정언): 사간원 정언을 지낸 鄭士信(1558~1619)을 가리킴.

云." 快哉。夕, 有人傳言: "四方勤王之師, 合圍京城五匝, 而勝否未知云." 悶鬱。

二十三日壬午。

雨。朝, 權默以奉倅令來, 問江陵奇。且見吳進士與李[146]書, 言: "四方兵自十五日, 接戰八日, 勝戰盡誅之, 餘賊分散, 或向原州, 或向忠淸道, 踰鳥嶺, 還東萊, 令各道勤兵殲之云." 果信則太平萬歲, 慶喜如何? 終日大雨。

---

144 江原監司(강원감사): 柳永吉(1538~1601)을 가리킴. 본관은 全州, 자는 德純, 호는 月峰. 1589년 강원도관찰사·승문원제조를 지냈다. 1592년 임진왜란 때 강원도관찰사로 춘천에 있었다. 이때 조방장 元豪가 여주 甓寺에서 왜군의 도하를 막고 있었는데, 檄書를 보내어 본도로 호출함으로써 적의 도하를 가능하게 하는 실책을 범하였다. 1593년 도총관·한성부우윤을 역임하고, 다음해 賑恤使가 되었으나 언관의 탄핵을 받아 파직되었다. 1597년 정유재란이 일어나자 호군·연안부사가 되고, 2년 뒤 병조참판·경기도관찰사를 역임하였다.

145 右相(우상): 李陽元(1526~1592)을 가리킴. 본관은 全州, 자는 伯春, 호는 鷺渚. 1591년 우의정에 승진하였다.1592년 임진왜란이 일어나자 留都大將으로 수도의 수비를 맡았으나 한강 방어의 실패로 楊州로 철수, 分軍의 副元帥 申恪과 함경도병마절도사 李渾의 군사와 합세해 蟹踰嶺에 주둔, 일본군과 싸워 승리한 뒤 영의정에 올랐다. 이때 의주에 피난해 있던 선조가 遼東으로 건너가 內附한다는 소식을 전해 듣고, 탄식하며 8일간 단식하다가 피를 토하고 죽었다 한다.

146 李(이): 李叔樑(1519~1592)인 듯. 본관은 永川, 자는 大用, 호는 梅巖. 李賢輔의 아들이다. 임진왜란 때에는 격문을 지어 의병의 궐기를 촉구하기도 하였으나 난중에 죽었다. 李滉의 문인 가운데 글씨를 잘 쓰기로 이름나 宣城三筆로 일컬어진 이로 琴輔(1521~1584), 李叔樑, 吳守盈이 있다.

二十四日癸未。

晴。有人傳言:“龍宮·醴泉等處, 倭賊焚蕩, 人心洶洶, 又入山云.”

二十五日甲申。

晴。入見主倅。江原道傳通, 自寧海來, 言賊氣向衰, 而不言戰勝事。又有人自江陵來, 言:“京賊向衰, 將必盡滅.”云。龍宮·醴泉之言, 互有不同。亦不可盡信。

二十六日乙酉。

與子安出向安東, 中路冒大雨, 艱涉兎谷[147]溪, 路見禮安書。

二十七日丙戌。

入府見鄕任[148]人及假將安汝止·金道源[149]·權□。義城李根

---

147 兎谷(토곡): 경상북도 안동시 예안면 도촌리에 있는 마을.

148 鄕任(향임): 座首, 別監 따위의 鄕所의 職員.

149 道源(도원): 金涌(1557~1620)의 字. 본관은 義城, 호는 雲川. 金守一의 아들이자, 金誠一의 조카이다. 1592년 임진왜란이 일어나자 향리인 안동에서 의병을 일으켜 安東守城將에 추대되었고, 이듬해 예문관의 검열·奉敎, 성균관의 典籍 등을 지냈다. 이어 正言·獻納·副修撰·持平 등을 거쳐 이조정랑에 올랐다. 1597년 정유재란이 일어나자 諸道都體察使 李元翼의 종사관으로 수행해 많은 활약을 했으며, 교리에 재임 중 督運御史로 나가 군량미 조달에 많은 공을 세웠다. 그러나 조정에서 東西分黨이 생겨 김용을 후원하던 영의정 柳成龍이

晦[150], 自橫城來, 言樓院捕賊之事, 慶喜萬萬。

二十八日丁亥。

雨。往訪仁仲[151]兄家。

二十九日戊子。

發向奉化, 路逢大雨, 阻水宿兎谷權東俊[152]奴子家。晩向小川[153], 住春陽縣[154]內李還家, 送奴呼取家屬于平昌·金谷, 仍向禮安。

서인에 의해 축출되자, 탄핵을 받아 선산부사로 옮겨졌다. 이때 金烏書院을 이건하고 향교를 중수하는 등 문교에 힘썼다.

150 根晦(근회): 李逢春(1542~1625)의 字. 본관은 眞城, 호는 鶴川. 李滉의 문인으로, 1576년 식년시에 급제한 뒤 直講 등을 지냈다. 1592년 임진왜란으로 피란 간 王駕가 아직 돌아오지 않자 경상감사 韓孝純이 임시로 新寧郡守, 예천군수, 대구군수에 임명하였다.

151 仁仲(인중): 李命弘(?~1560)의 字인 듯. 본관은 永川, 호는 坤齋. 李德弘의 형이다.

152 權東俊(권동준, 생몰년 미상): 權欙(1482~1562)의 庶子. 《退溪先生續集》 권8의 〈碣銘·承仕郎權公墓碣銘〉에 나온다.

153 小川(소천): 경상북도 봉화군에 위치한 고을.

154 春陽縣(춘양현): 경상북도 봉화군에 속했던 면.

• 六月

初一日己丑。

朝，到奉安所，語及賊勢探知之事。

初二日庚寅。

留。

初三日辛卯。

留。聞二十一日，申硈[155]兵敗於臨津[156]，大衆一時盡潰云。

初四日壬辰。

往見權習讀[157]于覺華寺[158]，聞義城令李子粹到榮川，送書狀

---

155 申硈(신할, 1548~1592): 본관은 平山. 임진왜란 때 충주전투로 유명한 申砬(1546~1592)이 셋째형이며, 둘째형 申礏(1543~1592)은 피난 중 왜군을 만난 어머니가 벼랑에서 투신하자 그 뒤를 따라 뛰어내려 모친을 구하고 죽음으로써 후에 효로써 정려를 받기도 하였다. 신할은 1567년 무과에 급제하여 비변사에 補任되었고, 1589년 경상도좌병사가 되어 활동하였다. 임진왜란이 일어나자 함경도병사가 되어 선조의 몽진을 호위함으로써 그 공을 인정받아 좌승지 閔濬, 병조판서 金應南, 대사헌 尹斗壽 등의 추천으로 경기수어사 겸 남병사에 임명되었다. 이후 막하의 劉克良, 李薲, 李薦, 邊機를 亞將으로 삼고 도원수 金命元과 병사를 이끌고서 임진강을 지키며 적과 대치하였다. 9일 동안 적과 대치하던 신할과 그의 병사들은 당시 도순찰사였던 韓應寅의 병력을 지원 받아 작전을 세우고 심야에 적진을 기습하였으나 복병이 나타나 44세의 나이로 그 자리에서 순절하였다.

156 臨津(임진): 경기도 장단군에 위치한 고을.

要見。

初五日癸巳。

朝向昌坪，聞賊倭闌入[159]龍宮·醴泉境，奉倅·禮倅·榮倅，勤兵往赴，民間洶洶，招聚上下民人，諭以無騷擾安堵之意。

初六日甲午。

朝過溪上，瞻謁李先生墓，言念時事，不覺涕淚泫然。

初七日乙未。

檢勅沿路盜直[160]所。

初八日丙申。

入府見安集使，聞權詮遇賊退北，軍士皆散。達遠[161]·子敬來

---

157 權習讀(권습독): 權億齡(생몰년 미상)을 가리키는 듯. 본관은 安東, 자는 齡之. 權鈞(1435~1502)의 손자이자, 權壽永의 아들이다. 《葛川先生文集》 권8의 〈行狀·宣敎郎權公行狀〉에 나온다.

158 覺華寺(각화사): 경상북도 봉화군 춘양면 석현리 각화산 남쪽에 있는 절.

159 闌入(난입): 출입을 통제하는 구역에 함부로 마구 뛰어듦.

160 盜直(도직): 도둑을 감시하고 지키는 사람.

161 達遠(달원): 金垓(1555~1593)의 字. 본관은 光山, 호는 近始齋. 1589년 10월 鄭汝立의 모반사건이 일어나고, 11월 史局에서 史草를 태운 사건에 연루되어 면직되었다. 임진왜란이 일어나자 향리 禮安에서 의병을 일으켜 영남의병대장

會, 李子吉來言: "賊倭聚軍, 不滿百餘人, 且食盡飢瘁。遣兵可討." 遂與安集使, 謀發軍事。

初九日丁酉。

發來, 宿溫介之溫金家。

初十日戊戌。

朝, 入春陽卞伊家, 聞唐官來, 上迎見唐官於西閣[162]云, 而未詳其梗概, 悶鬱。

十一日己亥。

尹欽[163]來言: "權希說自願募義, 壯其志, 折簡于安集使."

十二日庚子。

(㑊)兒出安東, 子安帶莫同入小川。

으로 추대되어 안동·군위 등지에서 분전하였다. 이듬해 3월 좌도병마사 權應銖와 합세하여 상주 唐橋의 적을 쳐서 큰 전과를 거두고, 4월 한양에서 부산으로 철수하는 적을 차단하고 공격하여 대승하였으며 5월에는 양산을 거쳐 경주에서 李山輝와 합세하여 싸우다가 진중에서 병사하였다.

162 이에 대한 구체적 기사는《선조실록》1592년 6월 5일 2번째 기사에 나타나 있음.

163 尹欽(윤흠): 이 당시 경상북도 이 지역에서 尹欽信과 尹欽道 형제가 의병을 이끌고 왜적과 대항한 기록들이 있음.

十三日辛丑。

見奉倅。聞官軍不能擒賊, 但望京路, 賊陣大盛, 彌滿各邑, 莫敢下手, 皆散山谷云, 不覺痛惋。

十四日壬寅。

子安向昌坪。

十五日癸卯。

十六日甲辰。

官軍潰于龍石峴, 自相蹂躪而死者甚多。自後民人潰散, 醴泉以東, 村閭一空云。

十七日乙巳。

夕, 玉連·莫宗, 向溫溪, 載糧子事也。

十八日丙午。

朝, 子安·子順[164]·國寶[165]來, 子敬書亦來。

---

164 子順(자순): 子弘의 오기인 듯. 鄭枓(1508~1576)는 7남매를 두었는데, 1녀는 李大仁에게, 2녀는 朴渙에게 시집갔으며, 1남은 士誠이고, 3녀는 權晤에게 시집갔으며, 2남은 士恭, 3남은 士信, 4남은 士毅이다. 사성의 자는 子明, 사의

十九日丁未。

安集使來樂而[166]家。

二十日戊申。

聞十四日大駕發向義州[167], 王世子[168]向江界[169]云, 臣子之痛, 爲如何哉?

는 자는 子安, 사신의 자는 子孚, 사의의 자는 子弘이기 때문이다. 따라서 鄭士毅(1562~1631)의 자가 오기된 것으로 볼 수밖에 없다. 본관은 淸州, 자는 子弘, 호는 勿齋. 1601년 대구교수에 제수되었다.

165 國寶(국보): 李瑒(생몰년 미상)의 字. 본관은 禮安. 李大仁의 아들이다. 이대인은 鄭士誠의 매형이므로, 이창은 생질이다.

166 樂而(낙이): 權來(1562~1617)의 자. 본관은 安東, 호는 石泉. 權橃의 손자이다. 軍資監正을 지냈다.

167 義州(의주): 평안북도 북서단에 위치한 고을.

168 王世子(왕세자): 光海君(1575~1641)을 가리킴. 본관은 全州, 이름은 李琿. 宣祖의 둘째 아들로, 어머니는 恭嬪金氏이다. 妃는 판윤 柳自新의 딸이다.1592년 임진왜란이 일어나자 피난지 평양에서 서둘러 세자에 책봉되었다. 선조와 함께 의주로 가는 길에 영변에서 만약의 사태에 대비해 分朝를 위한 國事權攝의 권한을 위임받았다. 그 뒤 7개월 동안 강원·함경도 등지에서 의병 모집 등 분조 활동을 하다가 돌아와 行在所에 합류하였다. 서울이 수복되고 명나라의 요청에 따라 조선의 방위 체계를 위해 軍務司가 설치되자 이에 관한 업무를 주관하였다. 또 1597년 정유재란이 일어나자 전라도에서 모병·군량 조달 등의 활동을 전개하였다. 1594년 尹根壽를 파견해 세자 책봉을 명나라에 주청했으나, 장자인 임해군이 있다 하여 거절당하였다.

169 江界(강계): 평안북도 북동부에 위치한 고을.

二十一日己酉。

與子敬俱往奉安所。

二十二日庚戌。

倭賊自甘泉[170]入安東本府云, 相對驚惶, 罔知攸措[171]。

二十三日辛亥。

留。

二十四日壬子。

更以探賊事, 出山。

二十五日癸丑。

朝, 見宣城倅, 問賊奇。

二十六日甲寅。

回向奉安所。

二十七日乙卯。

留。

---

170 甘泉(감천): 경상북도 예천군에 위치한 고을.

171 罔知攸措(망지유조): 할 바를 알지 못함.

二十八日丙辰。

留。

二十九日丁巳。

聞慶兒[172]病報。

• 七月

初一日戊午。

留。與子敬屛息嗚咽，不覺寢食之全廢也。

初二日己未。

留。

初三日庚申。

留。

---

172 慶兒(경아): 鄭士誠의 둘째아들 鄭佺(1569~1639), 셋째아들 鄭俔(1579~?), 넷째아들 鄭伸(1584~?)인 바, 둘째아들 정전을 가리키는 듯. 정전은 임진왜란 때 의병장 金垓에 의해 書記로 발탁되었으나 온 가족이 전염병에 걸리자 구호를 위해 돌아왔다고 한다.

初四日辛酉。

往見宣城倅, 得見朝報, 聞大駕決向西路, 蓋從兪泓[173]議也。

初五日壬戌。

午。暫訪琴河陽。

初六日癸亥。

聞安集使【缺】。

初七日甲子。

聞妻與佺兒, 一時病臥, 家事亦可驚心。

初八日乙丑。

路逢李瑒姪, 問諸病加減。

---

173 兪泓(유홍, 1524~1594): 본관은 杞溪, 자는 止叔, 호는 松塘. 1589년 좌찬성으로서 판의금부사를 겸해 鄭汝立의 逆獄을 다스렸다. 1592년 임진왜란 때 선조를 호종했고, 평양에서 세자(뒤의 광해군)와 함께 종묘사직의 신위를 모시고 동북방면으로 가 도체찰사를 겸임하였다. 그리고 伊川에서 격문을 여러 도로 보내 각 도의 의병들을 격려, 지휘해 방어태세를 갖추었다. 이듬해 왜적이 서울에서 물러나자, 먼저 서울에 들어와서 불탄 도성을 정리하고 전재민을 구호하는 데 힘을 기울였다. 1594년 좌의정으로서 해주에 있는 왕비를 호종하다가 객사하였다.

初九日丙寅。

聞賊入清涼山，蒼黃入去，與子敬，陪奉影幀，顚倒出避于雲峴[174]潔地，廢食露宿，只自相對掩泣而已。

初十日丁卯。

與子敬，議親負影幀，從間道出山，而恐有中路不意之變，仍縮伏以過。而艱苦不可說也。

十一日戊辰。

留。

十二日己巳。

送守護軍一名，乞糧于尺阜·飛津[175]等村。

十三日庚午。

留。

十四日辛未。

留。

---

174 雲峴(운현): 경상북도 봉화군 명호면 북곡리에 있는 고개. 청량산 뒤편이다.

175 飛津(비진): 비나리. 경상북도 봉화군 명호면 풍호리에 위치한 나루.

十五日壬申。

聞賊退之奇。還奉影幀于前日奉安所。

十六日癸酉。

留。

十七日甲戌。

見國寶書。聞周村[176]·馬巖[177]，俱入焚蕩，人多被害云，慘痛不忍言。夕。雨作。**【此下逸】**

[《芝軒先生文集》卷之三〈雜著〉]

---

176 周村(주촌): 眞城李氏 대종가가 있는 곳. 경북 안동 주하리 두루마을이다.

177 馬巖(마암): 鄭士誠의 아버지 鄭科가 정착했던 마을.

附錄

陪晬容避亂事, 稟報本道監司狀

到堤川, 稟報忠淸監司狀

[李象靖] 芝軒 鄭先生行狀

陪晬容避亂事, 稟報本道監司狀

伏以。參奉, 前年十二月初七日到任, 夙夜恪謹。慶州府去海甚近, 眞殿所在, 脫有倭寇驚急之變, 則慮外之策, 不爲預定, 誤事丁寧, 尋常悶慮。府尹尹仁涵處, 平時報稟, 則府尹言內, 此事思之久矣。但邊圉平靖[1]之時, 眞殿未然之事, 筆之文狀[2], 以駭人聽, 極爲未安云。監司入府之日, 面議消詳, 則監司亦云, 不可擧眞殿事以駭上聞, 而朝廷亦無處置事, 未知適宜之策, 事急則似可臨時處置云云。且府尹言內, 眞殿遷動, 事體極重, 必待朝廷處分, 而萬一不幸, 倉卒圍城, 則影幀決不可在此圍城之中。府南面三十里有山城, 古之避亂處也, 事急則奔避何如? 同官洪汝栗以爲若不幸之甚, 則捲入匱中, 置殿內潔地, 如何? 府尹曰: "此言亦似有理."云云, 矣身曰: "聖容與鄕校位版不同。臣子埋置, 似不可忍爲。雖不得已奉避山城, 而屋宇窄陋, 有同野處, 當急奔避, 則內地奉安, 似爲明正。奉安處所, 必於州郡淨

---

1 平靖(평정): (사회가) 평온함.

2 文狀(문장): 관아에서 쓰는 문서.

潔之地, 而觀勢變通, 似爲萬全之策。然此等事體, 必有朝命, 然後乃可處之."云云。府尹亦以爲然, 與同官洪汝栗論說, 晝夜思量矣。國運不幸, 四月十三日, 倭寇現形, 旋卽下陸, 十四日, 陷釜山浦, 鎭將死焉, 十五日, 東萊又陷, 府使死之, 梁山·蔚山郡守, 自營門定送助防將, 竝爲戰死, 兵使退走彦陽。慶州亦去海不遠, 去甘浦[3]四十里, 去蔚山·梁山一日程, 去東萊二日程。東萊旣陷, 賊黨乘勝, 又覘梁山城池形勢, 則蔚山·梁山, 主將已死, 罔有防捍。其間道路平坦, 又無險阻, 一晝夜之間, 賊兵猝至, 則人心洶懼, 勢難鎭靖。府尹言內, 監司連在咸安, 十四日所報眞殿處置事, 回答不來, 不待使關, 亦無朝命, 輕自擅便, 遷動影幀, 極爲重難, 而賊鋒甚銳, 連陷巨鎭, 朝夕可慮。本府軍兵四運內, 一二三運, 則判官及假將等率領往赴兵營。蔚山等處, 只以四運老弱軍留城, 城闊兵稀, 防備諸軍, 不成模樣, 援兵亦無至者, 當今之勢, 甚於水火。若坐待命令之間, 不幸被圍, 則非但震驚聖靈, 恐有不測之變, 尤極悶慮。不待朝命, 妄自遷動之罪, 罪止一身, 萬死無惜。及時遷動, 保安聖容, 似爲萬全說道矣。亦反覆思量曰: '不幸如彼府尹所言, 又如是遲留失機, 百死難贖.' 事係至重, 心志眩亂, 罔知所處, 具由稟報。

3 甘浦(감포): 경상북도 월성군의 동쪽에 위치한 항구.

到堤川，稟報忠淸監司狀

伏以。島夷陸梁[1]，連陷巨鎭。集慶殿所，去海不遠，而衝突之患，非朝則夕，百爾思量，萬不獲已背負聖容，艱關踰嶺，將向京都矣。卽伏聞大駕移西，道途且阻，冒危趲程。欲赴行在。則中道逢賊，恐有不測之患。行到堤川，權安影幀于上縣淨處，而進退維谷，勢極狼狽。玆將悶迫事情敢稟，伏乞裁量節次，指敎便宜之道云云。【回題云，以此由當啓聞于行在所，而事到急迫，勢難回旋，莫如歸向本道，奉安于峽郡安淨之地。以待平定後稟處.】

1 陸梁(육량): 어지러이 달림. 마음대로 날뜀.

芝軒 鄭先生行狀

李象靖

公諱士誠, 字子明, 姓鄭氏, 世所稱西原[1]大姓者也。高麗時, 有神虎衛上將軍顗[2], 有討賊死難之節, 事在列傳。自是代有文章德行, 焜耀國乘。中世有諱賝[3], 少府正尹, 我朝受命, 卜居于安東, 不復仕, 子孫遂爲安東人。曾祖諱允韶[4], 義盈庫直長。祖諱彦輔[5], 成均生員。考諱科[6], 司贍寺僉正, 贈漢城右尹。妣安

---

1 西原(성원): 충청북도 淸州의 옛 명칭.

2 顗(의): 鄭顗(?~1233). 본관은 淸州, 초명은 鄭俊儒. 1217년 거란군이 서경에 침입하자 이 틈을 타 서경인 崔光秀 등이 스스로 高句麗復興兵馬使金吾衛攝上將軍이라고 칭하며 난을 일으켰다. 이에 分臺錄事로 일당 8명을 격살시키고 성을 회복하였다. 그 공으로 攝中郎將이 되어 내시에 소속되었으며 의관과 鞍馬를 하사받았다. 1233년 畢賢甫·洪福源 등이 서경에서 모반하자 宣諭의 임무를 띠고 서경에 갔으나 성공하지 못하고 살해되었다.

3 賝(침): 鄭賝(1323~1395). 본관은 淸州, 자는 公寶, 호는 退隱. 문과에 급제하여 문하주서 등을 거치고 봉선대부 少府 正尹을 역임했는데 이성계의 혁명으로 벼슬을 그만두고 안동의 풍산 회곡리로 은퇴했다.

4 允韶(윤소): 鄭允韶(생몰년 미상). 본관은 淸州, 자는 善美. 鄭元老의 아들이다. 務功郎 義盈庫直長을 지냈다.

5 彦輔(언보): 鄭彦輔(1477~1520). 본관은 淸州, 자는 忠卿. 司馬試 합격. 서책

東權氏，司直軾之女，持平徵[7]之曾孫。以嘉靖乙巳二月二十九日生公。

自幼少穎悟方嚴，已有成人儀度。七歲，受業於惟一齋[8]金公彦璣。旣而，又就具柏潭[9]·金芝山[10]學。才思儁敏，講解精詳，諸先

을 일삼아 배우기를 부지런히 하였고, 품성이 溫雅하여 顔子(顔淵)라 불렸다.

6 枓(두): 鄭枓(1508~1576). 본관은 淸州, 자는 大任, 호는 竹軒. 蔭補로 司贍寺僉正 역임했다.

7 徵(징): 權徵(1426~1467). 본관은 安東. 李施愛의 반란 때 함길도절도사 許琮을 따라 평정하러 갔지만 패배하여 자결하였다.

8 惟一齋(유일재): 金彦璣(1520~1588)의 호. 본관은 光山, 자는 仲昷. 李滉의 문인. 일찍이 具鳳齡과 함께 淸凉山에 들어가 10년을 기약하고 글을 읽다가 연고가 있어 구봉령보다 1년 앞서 돌아왔다. 陶山 근처에 살면서 書舍를 지어 '유일'이란 편액을 걸어놓고 후진을 교육하였다. 南致利·鄭士誠·權暐·朴毅長·申之悌·權泰一 등 훌륭한 인물들이 배출되어 당시 안동의 학문진흥의 창도자로 알려졌다. 이황이 죽은 뒤에는 廬江書院을 세우고, 白蓮寺를 철거하여 유학을 숭상하고 불교를 배척하는 데 노력하였다.

9 柏潭(백담): 具鳳齡(1526~1586)의 호. 본관은 綾城, 자는 景瑞. 1545년 李滉의 문하에 들어가 수학하였다. 1546년 사마시에 합격하고, 1560년 별시문과에 급제해 여러 벼슬을 거쳐 1581년 대사헌에 오르고, 이듬해 병조참판·형조참판 등을 지냈다. 구봉령은 한때 암행어사로 황해도·충청도 등지에 나가 흉년과 飢荒으로 어지럽던 민심을 수습하기도 하였다. 당시는 동서의 당쟁이 시작될 무렵이었으나 중립을 지키기에 힘썼으며, 시문에 뛰어나 奇大升과 비견되었고, 만년에 精舍를 세워 후학들과 經史를 토론하였다.

10 芝山(지산): 金八元(1524~1569)의 호. 본관은 江陵, 자는 舜擧·秀卿. 周世鵬·李滉 등의 문하에서 수학하였다. 이황의 문하에서 수학할 때에는 선생이 시를 지어 그의 훌륭한 문장을 칭찬하기도 하였다. 또한, 趙穆·具鳳齡 등과 산사에 모여 학문을 강마하였다. 1555년 사마시를 거쳐 식년문과에 을과로 급제하였고, 1562년 學錄에 임명된 뒤 박사·전적·예조좌랑을 거쳐 용궁현감 등을 지냈다.

生亟加奬許[11]。年十七，謁李先生于陶山，仍請業。先生曰："敬是入道之門[12]，必以誠然後，不至於間斷." 仍命名與字，手書以贈之。右尹公爲公構小齋於陶山，使之居學。先生名其齋曰'童蒙'，顧謂公曰："爾須刻厲[13]用工，毋負親庭之望也." 先生嘗月夜，攜公上天淵臺[14]，命誦武夷九曲[15]詩，仍占一絶以贈。公嘗棲蓮臺[16]，質《易通[17]》疑義，先生條析以答。公處門下十年，經史子集[18]，皆經口講指畫[19]，硏精深思，以蓄其有。庚午，李先生棄後學，公侍疾·治喪·會葬[20]，皆極其誠。

---

11 奬許(장허): 칭찬함.

12 敬是入道之門(경시입도지문): 경이란 진리로 들어가는 문이다.

13 刻厲(각려): 刻苦勉勵. 어떤 일에 고생을 무릅쓰고 몸과 마음을 다하여, 무척 애를 쓰면서 부지런히 함.

14 天淵臺(천연대): 陶山書院 어귀를 谷口巖이라 하였는데, 그 동쪽을 天淵臺, 서쪽을 雲影臺라 함.

15 武夷九曲(무이구곡): 중국 福建省 崇安縣 무이산에 있는 아홉 굽이의 계곡. 宋나라 朱子가 武夷九曲歌를 지은 곳이다.

16 蓮臺(연대): 蓮臺寺. 청량산에 있었던 절.

17 易通(역통): 宋나라의 周敦頤가 지은《通書》의 처음 이름. 도덕론으로서 전체를 일관하고 있는 것이 誠인바, 朱子에 의해 註解되면서 송대 성리학의 준거해야 할 고전이 되었다.

18 經史子集(경사자집): 동양 도서나 서적 분류법. 經部·史部·子部·集部의 줄임말로, 경부에는 사서오경, 사부에는 역사책, 전기문과 관청의 각종 문서, 자부에는 諸子百家의 책, 집부에는 개인의 문집이 포함된다.

19 口講指畫(구강지화): 입으로 말하고 손으로 그린다는 뜻으로, 열과 정성을 다하여 교육한다는 말.

20 會葬(회장): 개인의 장례에 조정의 백관 등 많은 사람이 참석해 치르는 것.

年二十四, 中進士。丙子, 應大比[21]入洛, 承右尹公訃, 星夜奔赴, 居喪一遵《家禮[22]》。丁亥, 以遺逸[23]薦, 除泰陵參奉, 公重違親志, 黽勉就職。辛卯, 移授東都集慶殿參奉。翌年, 島夷發難, 陷萊·釜, 東都朝夕且危, 同任洪汝栗欲埋置御容, 公毅然曰: "此臣子所不忍爲, 不如陪向京城。若有擅動之罪, 吾請自當." 遂間關顚頓, 過鄕家不入。行到堤川郡, 聞大駕西狩, 道路梗不通, 卽馳報湖西伯, 還向嶺南, 權奉于退溪書齋。本道監司韓孝純[24], 來到奉審, 啓達于行朝。甲午, 吏曹啓曰: "鄭士誠與洪汝栗, 保護御容之功, 實爲一體, 而監司奉審之日, 鄭某留奉安所, 洪汝栗隨往安東, 修啓時, 只書渠官銜姓名, 而脫漏鄭某姓名, 以至差出[25]他參奉。後因監司狀稟, 僅得因任[26], 而汝栗已陞六

---

21 大比(대비): 大比科. 3년마다 한 번씩 시행하는 과거시험. 式年試를 일컫는다.

22 家禮(가례): 宋나라 朱子가 가정에서 일용하는 예절을 모아 엮은 책.

23 遺逸(유일): 조선시대 초야에 은거하는 선비를 찾아 천거하는 인재 등용책.

24 韓孝純(한효순, 1543~1621): 본관은 淸州, 자는 勉叔, 호는 月灘. 1592년 임진왜란이 일어나자 8월 영해에서 왜군을 격파하고 경상좌도관찰사에 승진, 순찰사를 겸임해 동해안 지역을 방비하며 군량조달에 공을 세웠다. 1594년 병조참판, 1596년 경상도·전라도·충청도의 體察副使가 되었다. 그해 閑山島武科에 試官으로 참여하고, 통제사 李舜臣과 함께 수군강화에 힘썼다. 그 뒤 지중추부사가 되었다가 남해 지역의 도순찰사로 해상군비강화에 계속 노력하였다. 1598년 전라도관찰사로서 병마수군절도사를 겸하였다. 이듬해 전라좌수사 이순신 막하의 戰船監造軍官으로 있으면서 거북선 건조에 공이 많았던 羅大用의 건의를 받아들여 거북선 모양의 소형 무장선인 鎗船 25척을 건조하도록 하였다. 1604년 이조판서에 이르렀다.

25 差出(차출): 관원을 임명함.

品, 同任一體之人, 不可異同." 上依啓, 陞內贍寺主簿。數月, 除楊口縣監, 未幾, 以親老辭歸, 杜門觀書, 惟以訓誨子弟爲事。丁酉, 倭寇再動, 忘憂郭公再佑[27], 入火旺山城[28], 倡義討賊, 公往赴, 有《應募同苦錄[29]》。戊戌, 丁貞夫人憂, 公已踰不毁, 守制[30]如前喪。丁未二月十六日, 寢疾卒, 享年六十三。四月己巳, 祔葬于右尹公墓右負庚之原。

配英陽南氏, 部將舜孝之女, 判書暉珠[31]之后。有四男一女, 男長(佺)從仕郎, 次佺以學行薦除義禁府都事, 次俛·伸俱生員, 女適士人具文紀。從仕三男, 基善·基敬·基業。都事二男, 基德·

---

26 因任(인임): 종전대로 임명함.

27 郭公再佑(곽공재우): 郭再祐(1552~1617)의 오기. 본관은 玄風, 자는 季綏, 호는 忘憂堂. 1585년 정시문과에 급제했지만 왕의 뜻에 거슬린 구절 때문에 罷榜되었다. 임진왜란 때 의병을 일으켜 天降紅衣將軍이라 불리며 거듭 왜적을 무찔렀다. 정유재란 때 慶尙左道防禦使로 火旺山城을 지켰다.

28 火旺山城(화왕산성): 경상남도 창녕군 창녕읍 옥천리에 있는 산성. 군사상의 요충지이므로 임진왜란 때인 1596년 체찰사 李元翼이 수축하고, 이듬해에는 의병장 郭再祐가 이 성을 지키며 내성을 쌓고 이곳을 본거지로 하여 영남일대에서 눈부신 전공을 세우게 되었다고 한다.

29 應募同苦錄(응모동고록): 곽재우가 宜寧에서 의병을 모집해 활동할 때 함께한 사람들의 명단을 적은 《龍蛇應募錄》과 화왕산성에 들어가 적과 싸울 때 함께 한 사람들의 명단을 적은 《火旺山城同苦錄》을 통틀어 일컫는 말. 후에 《倡義錄》이라는 이름으로 합쳐 간행되었다.

30 守制(수제): 자식이 부모상을 당해 만 27개월 동안 근신하며 모든 교제를 끊는 것.

31 暉珠(휘주): 南暉珠(1326~1372). 고려 말 전리판서를 지냈다.

基績。生員四男, 基弘·基壽·基中·基隆。生員六男, 基發·基博·基立·基益·基碩·基達。基善之長子曰鏞。曾玄以下不盡載。

公德器深厚, 襟懷坦蕩。事親色養[32], 務順適其意。早遊陶山之門, 得聞君子行己[33]之方。先生嘗手書箴銘以畀之, 又謂曰: "儒家意味自別, 工文藝非儒也, 取科第非儒也." 公奉而周旋[34], 罔敢失墜。與鶴峯·西厓[35], 爲同門友, 傾心相與。又嘗與柳謙庵[36]·李艮齋·琴日休諸公, 期會山寺, 講《啓蒙》·朱子書。親沒,

---

32 色養(색양): 부모의 얼굴빛에서 그 불편 여부를 알아차려 마음에 들도록 효양함.

33 行己(행기): 세상을 살아가는데 가져야 할 몸가짐이나 행동.

34 周旋(주선): 일이 잘되도록 중간에서 여러 가지 방법으로 두루 힘을 씀.

35 西厓(서애): 柳成龍(1542~1607)의 호. 본관은 豊山, 자는 而見. 임진왜란이 일어나자 병조판서로서 도체찰사를 겸하여 軍務를 총괄하였다. 이어 영의정에 올라 왕을 扈從하여 평양에 이르러 나라를 그르쳤다는 반대파의 탄핵을 받고 면직되었다. 의주에 이르러 평안도 도체찰사가 되었고, 이듬해 명나라 장수 李如松과 함께 평양성을 수복한 뒤 충청도·경상도·전라도 3도의 도체찰사가 되어 파주까지 진격하였다. 이해 다시 영의정에 올라 4도의 도체찰사를 겸해 군사를 총지휘했으며, 이여송이 碧蹄館에서 대패해 西路로 퇴각하는 것을 극구 만류했으나 뜻을 이루지 못하였다. 1594년 훈련도감이 설치되자 提調가 되어《紀效新書》(중국 명나라 장수 척계광이 왜구를 소탕하기 위하여 지은 병서)를 講解하였다. 또한 호서의 寺社位田을 훈련도감에 소속시켜 군량미를 보충하고 鳥嶺에 官屯田 설치를 요청하는 등 명나라 및 일본과 화의가 진행되는 동안에도 군비를 보완하기 위해 계속 노력하였다. 1598년 명나라 經略 丁應泰가 조선이 일본과 연합하여 명나라를 공격하려 한다고 본국에 무고한 사건이 일어나자, 사건의 진상을 알리러 가지 않는다는 북인들의 탄핵을 받아 삭탈관직 되었다가 1600년 복관되었으나 다시 벼슬길에 나아가지 않고 은거하였다.

36 謙庵(겸암): 柳雲龍(1539~1601)의 호. 본관은 豊山, 자는 應見. 柳成龍의 형이다. 1592년 임진왜란이 일어나자 동생인 영의정 유성룡이 선조에게 유운룡을

不復應擧, 築室芝山之陽, 因自號芝軒, 遠近學者多就質焉。敎誨三弟, 皆得成就, 梅窓公士信擢第, 光顯于朝。

公嘗以'忠孝'二字勉戒。筆法亦臻妙[37], 天將幕下[38]有解書法者, 見公司馬試券, 截其半以去, 曰: "此天下至寶也." 壬辰之奉晬容也, 同僚處事, 多不叶人意, 坐是沈滯[39], 而處之晏如, 無慍色, 及吏曹啓達, 筵臣稟白, 遂得遷陞, 而亦無喜色。嘗謂子弟曰: "凡事內省不愧, 則得喪非所恤也." 公雖棲遲[40]下位, 不得展布所蘊, 然臨亂處事措置, 皆得其宜。勸列邑守宰倡義合兵, 塞鳥·竹二嶺, 以遏賊路, 則其規橅施設, 亦略可見矣。艱難顚蹈, 屢瀕九死, 而愛君憂國之意, 跬步不忘, 往往至於痛哭。蓋忠義之氣, 得於天性, 而亦其學力所到耳。

公信古好禮, 冠昏喪祭, 必遵古禮, 有疑則稟質于師門。病中顧謂諸子曰: "吾於李先生, 有生三[41]之恩, 吾雖死, 先生忌日, 不

해직시켜 어머니를 구출하도록 읍소하니 이 건의가 받아들여져 유운룡은 어머니를 비롯한 온 가족이 모두 무사하도록 하여 모두가 그의 효심을 칭찬하였다. 그 해 가을에 豊基假郡守가 되었으며, 전란의 어려움에도 조공을 평시와 같이 함으로써 얼마 뒤 다시 正郡守가 되어 왜적들의 위협을 받고 있는 백성들의 생업을 보호하는 데 힘썼다. 그 뒤 원주목사로 승진되었으나 어버이의 노쇠함을 핑계하여 사퇴하였다.

37 臻妙(진묘): 지극히 오묘함.

38 幕下(막하): 主將이 되는 사람의 아래나 부하.

39 沈滯(침체): 오래도록 벼슬이 오르지 않음.

40 棲遲(서지): 벼슬을 하지 않고 세상을 피하여 시골에서 삶.

設葷[42], 不與宴樂, 以副余景慕之誠也." 及疾革, 猶口誦先生所與箴銘一過。蓋佩服師訓, 以終其身云。

公有遺文, 散佚於家火兵亂。嘗以紀德之狀, 託於蒼石[43]李公埈, 而亦失於火。荏苒數百年, 嘉言美行, 率湮沒而無傳, 惟其懿德之在鄕人者, 久而未泯。蓋嘗設俎豆於玉溪, 而見撤於邦制[44], 豈非後學不盡之憾哉? 公曾孫鏇[45], 掇拾遺蹟, 爲家傳一

---

41 生三(생삼): 生三事一. 부모·스승·임금을 한결같이 섬김을 이르는 말. 晉나라 대부 欒共子가 말하기를, "백성은 부모·스승·임금 밑에서 사는지라 섬기기를 한결같이 한다.(民生於三, 事之如一.)" 하였다. 여기서는 스승으로부터 가르침을 받은 은혜를 일컫는다.

42 葷(훈): 葷食. 닭, 오리, 생선 그리고 양, 돼지, 소와 같은 육류.

43 蒼石(창석): 李埈(1560!1635)의 호. 본관은 興陽, 자는 叔平. 柳成龍의 문인. 1582년 생원시를 거쳐 1591년 별시 문과에 급제해 교서관정자가 되었다. 1592년 임진왜란 때 피난민과 함께 안령에서 적에게 항거하려 했으나 습격을 받아 패하였다. 그 뒤 鄭經世와 함께 의병 몇 천 명을 모집해 姑姆潭에서 외적과 싸웠으나 또다시 패하였다. 1594년 의병을 모아 싸운 공으로 형조좌랑에 임명되었으나 사양하였다. 이듬해 경상도도사가 되었으며, 이때 중국 역대 왕들의 덕행과 신하들의 正邪를 밝힌《中興龜鑑》을 지어 왕에게 바쳤다. 당시 鄭仁弘이 세력을 키워 많은 사람들을 주변에 모았으나 가담하지 않았다. 1597년 지평이 되었으나 유성룡이 국정운영의 잘못 등으로 공격을 받을 때 함께 탄핵을 받고 물러났다. 같은 해 가을 召募官이 되어 의병을 모집하고 군비를 정비하는 등 防禦使와 협력해 일하였다. 이어 예조정랑·단양군수 등을 거쳐, 1603년 수찬으로 불려 들어와 형조와 공조의 정랑을 거쳤다.

44 1731년 옥계서원에 位版이 봉안되었지만, 1741년에 서원철폐령에 따라 철폐되었던 것을 일컬음.

45 鏇(선): 鄭鏇(1634~1717). 본관은 淸州, 자는 器彦, 호는 三棄齋. 출신지는 경상북도 安東이다. 부친은 鄭基績이다. 壽職으로 副護軍에 제수되었다. 예학

通, 藏之巾衍[46]久矣。六世孫重默·重燮等, 大懼愈久而益無徵, 旁搜遠裒, 得詩文雜著若干篇, 附以年譜挽誄師友簡札爲二卷, 並以授象靖, 俾撰次其德媺。自惟後生蔑學, 未及供灑掃於當日, 何敢屬辭比事[47], 以自納於不韙之罪? 第其請益勤, 有不敢終辭, 謹因家牒, 第錄如右, 間附以所感於心者, 以備立言君子之攷信云。

을 중히 여겨 선묘에 묘표·묘지가 없을 때면 반드시 마련하였으며, 고금의 예서를 수집·연구하여《禮儀補遺》를 저술하였는데, 이때도 특히 喪祭에 더 신경을 써서 저술하였다.

46 巾衍(건연): 옷이나 책 따위를 넣어 두는 작은 상자.

47 屬辭比事(속사비사): 文辭를 몰아 엮고 사건대로 배열하는 것.

찾아보기

ㄱ

가야산(伽倻山) 21, 75
가현(加峴) 26
각화사(覺華寺) 41, 98
감천(甘泉) 45, 102
감포(甘浦) 55, 110
강계(江界) 45, 101
강릉(江陵) 38, 39, 93
겸암(謙庵) 117
경산(慶山) 20, 74
경성(京城) 18, 25, 27, 28, 31, 37-39, 57, 61
경아(慶兒) 103
경주(慶州) 17, 18, 20, 21, 28, 32, 33, 55, 69
경주부(慶州府) 53-55
경주성(慶州城) 22
경홍(景泓) 34, 89
계상(溪上) 31, 33, 42, 86
고현(古峴) 29, 83
공량(公亮) 84
곽재우(郭再祐) 62, 116
관쟁(關崝) 34
광해군(光海君) 101
굉중(宏仲) 35, 90
교진리(交陳里) 29
구문기(具文紀) 63
구봉령(具鳳齡) 60, 113
국보(國寶) 44, 49, 101
군위(軍威) 37
군중(軍衆) 41
권공량(權公亮) 30
권동준(權東俊) 40, 96
권두문(權斗文) 29, 80
권래(權來) 101
권례(權欚) 96
권묵(權默) 34, 38
권사의(權士義) 38, 93
권산기(權山起) 37, 92
권습독(權習讀) 41, 98
권식(權軾) 59
권억령(權億齡) 98
권위(權暐) 93
권전(權詮) 33, 42, 88
권징(權徵) 59, 113
권채(權采) 84
권희열(權希說) 43
근회(根晦) 96
금개(琴愷) 90
금곡(金谷) 40, 90

금곡암(金谷菴) 35
금곡역(金谷驛) 21, 75
금순선(琴順先) 84
금여약(琴汝若) 29
금윤선(琴胤先) 83
금응협(琴應夾) 85
금이술(琴而述) 29
금일휴(琴日休) 64
금하양(琴河陽) 31, 34, 47, 85
기(伭) 34, 43, 63, 89
길안(吉安) 33, 88
김도원(金道源) 40
김동복(金同福) 34, 88
김륵(金玏) 32, 87
김방복(金邦福) 26
김부륜(金富倫) 88
김사순(金士純) 35
김성일(金誠一) 90
김수(金睟) 70
김언기(金彦璣) 60, 113
김용(金涌) 95
김윤국(金潤國) 19, 73
김윤의(金允誼) 27, 81
김응선(金應善) 27
김제갑(金悌甲) 79
김철(金澈) 35, 90
김팔원(金八元) 60, 113
김해(金垓) 98

ㄴ

낙이(樂而) 45, 101
남순효(南舜孝) 63
남휘주(南暉珠) 63, 116
녹곡(鹿谷) 26, 27

ㄷ

다인(多仁) 31, 86
단양(丹陽) 24
달원(達遠) 42, 98
대구(大邱) 21
도산(陶山) 60, 63
도원(道源) 95
도직소(盜直所) 42
동도(東都) 61
동래(東萊) 17, 34, 39, 55, 61
득공(得公) 27
득환(得還) 31

ㄹ

류겸암(柳謙庵) 64
류성룡(柳成龍) 117
류영길(柳永吉) 79, 94
류운룡(柳雲龍) 117
류읍(柳揖) 35
류인영(柳仁榮) 35, 90

ㅁ

마암(馬巖) 49, 106
막동(莫同) 43
막종(莫宗) 44
말촌(末村) 35
망오리(忘吾里) 28, 82
망우당(忘憂堂) 62
망우리(忘憂里) 82
면(俛) 63
문몽헌(文夢軒) 24, 78
밀양(密陽) 20, 74

ㅂ

박경신(朴慶新) 24, 78
박의장(朴毅長) 32, 87
박정길(朴靜吉) 30
박종남(朴宗男) 75
배산가(裴山家) 34
백담(柏潭) 60, 113
백동서당(柏洞書堂) 86
백동정사(柏洞精舍) 31, 86
변응성(邊應星) 74
변이(卞伊) 43
봉성(奉城) 34, 89
봉안소(奉安所) 41, 45, 46, 49, 62
봉화(奉化) 30, 35, 37, 38, 40, 42, 43, 84
봉화현(奉化縣) 38
부산(釜山) 61
부산포(釜山浦) 17, 55
비진(飛津) 48, 105

ㅅ

사기점(沙器店) 30
사순(士純) 90
사신(士信) 64
사점(沙店) 35
사탄(沙灘) 28
사현(沙峴) 29, 30
산사(山寺) 64
산성(山城) 54
상정(象靖) 66
상주(尙州) 22, 32, 36, 76
상주성(尙州城) 24
상현(上縣) 24, 57
서애(西厓) 64, 117
서원(西原) 59
서음산(鉏音山) 29
선성(宣城) 31, 32, 34, 46, 47, 85
성산(星山) 23, 77
성용(聖容) 18, 25, 35, 36, 54, 56, 57
성원(西原) 112
성응길(成應吉) 75
소천(小川) 40, 43, 96
송상현(宋象賢) 70
수용(睟容) 64
신(伸) 63

신녕(新寧) 21, 75
신라현(新羅峴) 35, 90
신림역(神林驛) 25, 79
신립(申砬) 28, 82
신문(新門) 30
신오봉(申梧峯) 32
신지제(申之悌) 86
신지효(申之孝) 32, 86
신할(申硈) 41, 97

ㅇ

안강(安康) 18, 72
안동(安東) 19-21, 23, 32, 33, 35-37, 40, 43, 45, 59, 72
안여지(安汝止) 33, 35, 40
안제(安霽) 87
양구(楊口) 62
양근(楊根) 28, 82
양산(梁山) 18, 55, 71
양주(楊州) 28, 38, 82
어용(御容) 30, 61
억복(億卜) 26
언강(彦康) 35, 90
언양(彦陽) 18, 55, 71
언양성(彦陽城) 21
여약(汝若) 84
역통(易通) 114
연대사(蓮臺寺) 60, 114
영월(寧越) 29
영월군(寧越郡) 27, 81
영정(影幀) 18, 22, 23, 45, 46, 48, 49, 54, 55, 57, 62
영주(榮州) 42
영천(永川) 19, 72
영천(榮川) 23, 26, 27, 28, 32, 38, 41, 77
영춘(永春) 24, 77
영해(寧海) 32, 39, 87
예안(禮安) 35, 36, 40-42
예천(醴泉) 19, 39, 40, 41, 44, 72
오경홍(吳景泓) 34
오봉(梧峯) 86
오수영(吳守盈) 89
오윤(吳龠) 89
오장(吳丈) 34, 89
옥계서원(玉溪書院) 66
옥련(玉連) 44
옥봉(玉奉) 37, 93
옥봉(玉峯) 93
온개(溫介) 43
온계(溫溪) 35, 44, 90
온금(溫金) 43
왕세자(王世子) 45, 101
용궁(龍宮) 19, 32, 36, 39-41, 72
용석현(龍石峴) 44
우복룡(禹伏龍) 19, 72
운현(雲峴) 48, 105
울산(蔚山) 17, 18, 55, 70

원주(原州) 24-26, 28, 39, 79
유일재(惟一齋) 60, 113
유홍(兪泓) 47, 104
윤복(允卜) 33
윤선각(尹先覺) 78
윤안성(尹安性) 72
윤인함(尹仁涵) 17, 53, 69
윤흠(尹欽) 43, 99
응모동고록(應募同苦錄) 62, 116
의성(義城) 22, 23, 31, 32, 37, 40, 41, 76
의성현(義城縣) 22
의주(義州) 45, 101
이각(李珏) 70
이간재(李艮齋) 64
이경엄(李景淹) 31, 38, 85
이근회(李根晦) 40
이기(李墍) 37, 92
이덕홍(李德弘) 90
이명홍(李命弘) 96
이봉춘(李逢春) 96
이숙량(李叔樑) 94
이순희(李順希) 36
이술(而述) 83
이양원(李陽元) 94
이언함(李彦諴) 71
이여온(李汝溫) 76
이온(李溫) 26
이자길(李子吉) 42
이자수(李子粹) 41
이준(李埈) 66, 119
이창(李瑒) 48, 101
이환(李還) 40
이희범(李希范) 31
이희정(李希程) 31, 37, 85
인동(仁同) 22, 76
인중(仁仲) 40, 96
임동(林同) 31
임진(臨津) 41, 97

ㅈ

자경(子敬) 31, 33, 34, 42, 44, 45, 46, 48
자명(子明) 59
자순(子順) 44, 100
자안(子安) 36, 37, 40, 43, 44, 92
자홍(子弘) 100
전(佺) 63
절영도(絶影島) 17, 69
정경(鄭慶) 46
정두(鄭枓) 59, 100, 113
정막동(鄭莫同) 28
정발(鄭撥) 70
정사공(鄭士恭) 92
정사급(鄭思伋) 25, 80
정사성(鄭士誠) 62
정사신(鄭士信) 82, 93
정선(旌善) 25, 27, 80

정선(鄭鐥) 66, 119
정언보(鄭彦輔) 59, 112
정윤소(鄭允韶) 59, 112
정의(鄭顗) 59, 112
정자의(鄭子毅) 44
정전(鄭佺) 47, 103
정준유(鄭俊儒) 112
정중묵(鄭重默) 66
정중섭(鄭重燮) 66
정천(鄭千) 26, 28, 29
정침(鄭琛) 59, 112
정희적(鄭熙績) 19, 33, 73
정희준(鄭希俊) 28
제천(堤川) 24, 57, 78
제천군(堤川郡) 61
조령(鳥嶺) 32, 39, 65
조붕(趙鵬) 32, 87
조영규(趙英珪) 71
주왕산(周王山) 22, 76
주촌(周村) 49, 106
죽령(竹嶺) 19, 24, 29, 32, 65, 73
지사함(智士涵) 28, 83
지산(芝山) 60, 64, 113
지헌(芝軒) 64
진전(眞殿) 18, 53, 55, 71
집경전(集慶殿) 54, 57, 61

ㅊ

창석(蒼石) 66, 119
창평(昌坪) 36, 41, 44, 92
척부(尺阜) 48
척석군(擲石軍) 36
천연대(天淵臺) 60, 114
철원(鐵原) 25, 38, 80
청도(淸道) 20, 74
청량산(淸涼山) 36, 48, 92
청로역(靑路驛) 22, 75
청송(靑松) 21, 32, 75
초유사(招諭使) 35
최구지(崔仇知) 20, 21
춘양(春陽) 43
춘양현(春陽縣) 40, 96
충주(忠州) 25, 34
충청도(忠淸道) 39
칠현(漆峴) 26

ㅌ

태릉(泰陵) 61
토곡(兎谷) 40, 95
퇴계서당(退溪書堂) 36
퇴계서재(退溪書齋) 61

ㅍ

평산(平山) 37, 92
평양(平壤) 30
평창(平昌) 25, 27, 28, 40
평창현(平昌縣) 25, 79

ㅎ

하구연(河九淵) 35
하양(河陽) 20, 34, 74
학봉(學峯) 64
한호(韓護) 78
한효순(韓孝純) 62, 115
함안(咸安) 32, 55
함창(咸昌) 22, 31, 76
행림곡(杏林谷) 26
행재소(行在所) 57, 62
혜웅(惠雄) 31, 86
홍여율(洪汝栗) 18, 54, 61, 62, 71
홍자경(洪子敬) 29, 30, 36
화왕산성(火旺山城) 62, 116
황경(黃頃) 28
황시(黃是) 30, 84
횡성(橫城) 25-28, 40, 79

영인

지헌 임진일록(芝軒 壬辰日錄)

배수용피란사품보본도감사장(陪晬容避亂事稟報本道監司狀)

도제천품보충청감사장(到堤川稟報忠淸監司狀)

지헌 정선생행장(芝軒鄭先生行狀)

(《芝軒集》 권3 〈雜著〉, 권4 〈附錄〉, 한국국학진흥원 및 한국고전번역원 소장)

여기서부터는 影印本을 인쇄한 부분으로 맨 뒷 페이지부터 보십시오.

牒。第錄如右。間附以所感於心者。以備立言

君子之考信云。謹狀。

韓山李象靖狀

墓碣銘

惟我退陶老先生之倡道東南也。遠邇學者。
于焉來其門。於以成其德而達其材。余以所
聞芝軒先生鄭公則其一也。公幼則頴悟端
厚。藝師如金惟一·具柏翁諸公。皆器之。未冠
東脩老先生門。先生謂敬是入道之門。必誠
而後無間斷。於是命名士誠。字曰子明。書贈

而亦失於火荏苒數百年嘉言美行埋沒
而無傳惟其懿德之在鄕人者久而未泯蓋
嘗設俎豆於玉溪而見撤於　邦制矣豈非
後學不盡之憾哉公曾孫鎧掇拾遺蹟爲家
傳一通藏之巾衍久矣六世孫重默重燮等
大懼愈久而益無徵旁搜遠裒得詩文雜著
若干篇附以年譜輓誄師友簡札爲二卷幷
以授象靖俾撰次其德蹤自惟後生蔑學未
及供灑埽於當日何敢屬辭比事以自納於
不韙之罪第其請益勤有不敢終辭謹因家

塞鳥竹二嶺以遏賊路則其規橅施設亦略可見矣艱難顚踣屢瀕九死而愛君憂國之意跬步不忘往往至於痛哭蓋忠義之氣得於天性而亦其學力所到耳公信古好禮冠昏喪祭必遵古禮有疑則稟質于師門病中顧謂諸子曰吾於李先生有生三之恩吾雖死先生忌日不設葷不與宴樂以副余景慕之誠也及疾革猶口誦先生所與箴銘一過蓋佩服師訓以終其身云公有遺文散佚於家火兵亂嘗以紀德之狀託於蒼石李公埈

號芝軒。遠近學者多就質焉。教誨三弟。皆得成就。梅牕公士信擢第光顯于朝。公嘗以忠孝二字勉戒。筆法亦臻妙。天將幕下有解書法者見。公司馬試券截其半以去曰。此天下至寶也。壬辰之奉 晬容也。同僚處事多不叶人意。坐是沈滯。而處之晏如。無慍色。及吏曹 啓達。 筵臣稟白。遂得遷陞。而亦無喜色。嘗謂子弟曰。凡事內省不愧。則得喪非所恤也。公雖棲遲下位。不得展布所蘊。然臨亂處事。措置皆得其宜。勸列邑守宰倡義合兵。

男基德基績生員四男基弘基壽基中基隆
生員六男基發基博基立基益基碩基達基
善之長子曰鑣曾玄以下不盡載公德器深
厚襟懷坦蕩事親色養務順適其意蚤遊陶
山之門得聞君子行已之方先生嘗手書箴
銘以畀之又謂曰儒家意味自别工文藝非
儒也取科第非儒也公奉而周旋罔敢失墜
與鶴峯西厓爲同門友傾心相與又嘗與柳
謙菴李良齋琴日休諸公期會山寺講啓蒙
朱子書親歿不復應舉築室芝山之陽因自

除楊口縣監未幾以親老辭歸杜門觀書惟
以訓誨子弟爲事丁酉倭冦再動忩憂郭公
再祐入火旺山城倡義討賊公往赴有應募
同苦錄戊戌丁貞夫人憂公已踰不毁守制
如前卷丁未二月十六日寢疾卒享年六十
三四月己巳祔葬于右尹公墓右負庚之原
配英陽南氏部將舜孝之女判書暉珠之後
有四男一女男長俭從仕郎次佺以學行薦
除義禁府都事次俔俱生員女適士人
具文紀從仕郎三男基善基敬基業都事二

過鄉家不入行到堤川郡聞 大駕西狩道
路梗不通卽馳報湖西伯還向嶺南權 奉
于退溪書齋本道監司韓孝純來到奉審
啓達于 行朝甲午吏曹 啓曰鄭士誠與
洪汝栗保護 御容之功實爲一體而監司
奉審之日鄭士誠留 奉安所洪汝栗隨往
安東修 啓時只書渠官銜姓名而脫漏鄭
士誠姓名以至差出他參奉後因監司狀稟
僅得因任而汝栗已陞六品同任一體之人
不可異同 上依啓陞內贍寺主簿數月

義先生條析以答公處門下十年經史子集
皆經口講指畫研精潑思以蓄其有庚午李
先生棄後學公侍疾治喪會葬皆極其誠年
二十四中進士丙子應大比入洛承右尹公
訃星夜奔赴居喪一遵家禮丁亥以遺逸薦
除 泰陵參奉公重違親志黽勉就職辛卯
移授東都 集慶殿參奉翌年島夷發難陷
萊釜東都朝夕且危同任洪汝栗欲埋置
御容公毅然曰此臣子所不忍爲不如陪向
京城若有擅動之罪吾請自當遂間關顚頓

四二

月二十九日生。公自幼少穎悟方嚴。已有成
人儀度。七歲受業於惟一齋金公彥璣。旣而
又就具柏潭學。才思儁敏。講解精詳。諸先生
極加獎許。年十七。謁李先生于陶山。仍請業。
先生曰。敬是入道之門。必以誠。然後不至於
間斷。仍命名與字。手書以贈之。右尹公爲公
構小齋於陶山。使之居學。先生名其齋曰童
蒙。顧謂公曰。爾須刻厲用工。毋負親庭之望
也。先生嘗月夜。攜公上天淵臺。命誦武夷九
曲詩。仍占一絶以贈公。嘗棲蓮臺。質易通疑

지헌 정선생행장
芝軒鄭先生行狀

芝軒先生文集附錄上

行狀

公諱士誠字子明姓鄭氏世所稱西原大姓者也高麗時有神虎衛上將軍顗有討賊死難之節事在列傳自是代有文章德行焜耀國乘中世有諱踩少府正尹我 朝受命卜居于安東不復仕子孫遂爲安東人曾祖諱允韶義盈庫直長祖諱彥輔成均進士考諱枓司贍寺僉正 贈漢城右尹妣安東權氏司直軾之女持平徵之曾孫以嘉靖乙巳六

到急迫。勢難回旋。莫如歸向本道。 奉安于
峽郡安淨之地。以待平定後稟處。

도제천품보충청감사장
到堤川稟報忠淸監司狀

到堤川稟報忠淸監司狀。

伏以島夷陸梁連陷巨鎭。 集慶殿所去海不遠而衝突之患。非朝則夕。百爾思量。萬不獲已背負 聖容。艱關踰嶺。將向 京都矣。卽伏聞大駕移西。道途且阻。冒危趲程。欲赴 行在。則中道逢賊。恐有不測之患。行到堤川。權安影幀于上縣淨處。而進退維谷。勢極狼狽。玆將悶迫事情。敢稟。伏乞裁量節次。指敎便宜之道云云。

回題云。以此由當 啓聞于 行在所。而事

夕可慮本府軍兵四運內一二三運則判官及假將等率領往赴兵營蔚山等處只以四運老弱軍留城城闕兵稀防備諸軍不成模樣援兵亦無至者當今之勢甚於水火若坐待命令之間不幸被圍則非但震驚 聖靈恐有不測之變尤極悶慮不待 朝命安自遷動之罪罪止一身萬死無惜及時遷動保安 聖容似爲萬全說道矣亦反覆思量曰不幸如彼府尹所言又如是遲留失機百死難贖事係至重心志眩亂罔知所處具由稟報

鎭將死焉十五日東萊又陷府使死之梁山蔚
山郡守自營門定送助防將並爲戰死兵使退
走彥陽慶州亦去海不遠去甘浦四十里去蔚
山梁山一日程去東萊二日程東萊旣陷賊黨
乘勝又覘梁山城池形勢則蔚山梁山主將已
死固有防捍其間道路平坦又無險阻一晝夜
之間賊兵猝至則人心洶懼勢難鎭靖府尹言
內監司連在咸安十四日所報 眞殿處置事
回答不來不待使關亦無 朝命輕自擅便遷
動 影幀極爲重難而賊鋒甚銳連陷巨鎭朝

奔避何如同官洪汝栗以爲若不幸之甚則捲入置中埋置 殿內潔地如何府尹曰此言亦似有理云云矣身曰 聖容與鄕校位版不同臣子埋置似不可忍爲雖不得已奉避山城而屋宇窄陋有同野處當急奔避則內地 奉安似爲明正 奉安處所必於州郡淨潔之地而觀勢變通似爲萬全之策然此等事體必有朝命然後乃可處之云云府尹亦以爲然與同官洪汝栗論說晝夜思量矣 國運不幸四月十三日倭寇現形旋卽下陸十四日陷釜山浦

之變。則慮外之策。不爲預定。誤事丁寧。尋常悶
慮。府尹尹仁涵處。平時報稟。則府尹言內。此事
思之久矣。但邊圍平靖之時。 眞殿未然之事。
筆之文狀。以駭人聽。極爲未安云。監司入府之
日。面議消詳。則監司亦云。不可擧 眞殿事以
駭 上聞。而朝廷亦無處置事。未知適宜之策。
事急則似可臨時處置云云。且府尹言內。 眞
殿遷動。事體極重。必待 朝廷處分。而萬一不
幸。倉卒圍城。則 影幀決不可在此圍城之中。
府南面三十里有山城。古之避亂處也。事急則

배수용피란사품보본도감사장
陪晬容避亂事稟報本道監司狀

十三日庚午留。

十四日辛未留。

十五日壬申。聞賊退之奇。還奉 影幀于前日奉安所。

十六日癸酉留。

十七日甲戌。見國寶書。聞周村。馬巖俱入焚蕩人多被害云。慘痛不忍言。夕雨作 此下逸

陪晬容避亂事稟報本道監司狀。

伏以參奉前年十二月初七日到任。夙夜恪謹慶州府去海甚近。 眞殿所在。脫有倭冦警急

37

十三日庚午晴
十四日辛未晴
十五日壬申聞賊退之奇還奉 影幀于前日
奉安所
十六日癸酉晴
十七日甲戌見國寶書聞周村馬巖俱入焚蕩
人多被害云慘痛不忍言夕雨作此下逸
陪 晬容避亂事稟報本道監司狀
伏以參奉前年十二月初七日到任夙夜恪謹
慶州府去海甚近 眞殿所在脫有倭寇警急

初八日乙丑路逢李瑒姪問諸病加減
初九日丙寅聞賊入淸凉山蒼黃入去與子敬
陪奉 影幀顚倒出避于雲峴潔地廢食露
宿只自相對掩泣而已
初十日丁卯與子敬議親負 影幀從間道出
山而恐有中路不意之變仍縮伏以過而艱
苦不可說也
十一日戊辰晴
十二日己巳送守護軍一名乞糧于尺阜飛津
等村

七月初一日戊午晴與子敬屛息嗚咽不覺寢
食之全廢也
初二日己未晴
初三日庚申晴
初四日辛酉往見宣城倅得見 朝報聞 大
駕決向西路蓋從兪泓議也
初五日壬戌午暫訪琴河陽
初六日癸亥聞安集使 缺
初七日甲子聞妻與侄兒一時病臥家事亦可
驚心

二十一日己酉與子敬俱往 奉安所

二十二日庚戌倭賊自甘泉入安東本府云相
對驚惶罔知攸措

二十三日辛亥留

二十四日壬子更以探賊事出山

二十五日癸丑朝見宣城倅問賊奇

二十六日甲寅回向 奉安所

二十七日乙卯留

二十八日丙辰留

二十九日丁巳聞慶兒病報

十四日壬寅子安向昌坪

十五日癸卯

十六日甲辰官軍潰于龍石峴自相蹂躪而死
者甚多自後民人潰散醴泉以東村閭一空
云

十七日乙巳夕王連莫宗向遙溪載糧子事也

十八日丙午朝子安子順國寶來子敬書亦來

十九日丁未安集使來樂而家

二十日戊申聞十四日 大駕發向義州 王
世子向江界云臣子之痛爲如何哉

與安集使謀發軍事
初九日丁酉發來宿溫介之溫金家
初十日戊戌朝入春陽下伊家聞唐官來 上
迎見唐官於西閤云而未詳其梗槩悶鬱
十一日己亥尹欽來言權希說自願募義壯其
志折簡于安集使
十二日庚子侄兒出安東子安帶莫同入小川
十三日辛丑見奉倅聞官軍不能擒賊但望京
路賊陣大盛彌滿各邑莫敢下手皆散山谷
云不覺痛惋

李子粹到榮川送書狀要見
初五日癸巳朝向昌坪聞賊倭闌入龍宮醴泉
境奉倅禮倅榮倅勒兵往赴民間洶洶招聚
上下民人諭以無騷擾安堵之意
初六日甲午朝過溪上瞻謁李先生墓言念時
事不覺潸淚泫然
初七日乙未檢勅沿路盜直所
初八日丙申入府見安集使聞權詮遇賊退北
軍士皆散達遠子敬來會李子吉來言賊倭
聚軍不滿百餘人且食盡飢瘁遣兵可討遂

二十八日丁亥雨往訪仁仲兄家
二十九日戊子發向奉化路逢大雨阻水宿兎
谷權東俊奴子家晩向小川住春陽縣內李
還家送奴呼取家屬于平昌金谷仍向禮安
六月初一日己丑朝到　奉安所語及賊勢撥
知之事
初二日庚寅留
初三日辛卯留聞二十一日申碚兵敗於臨津
大衆一時盡潰云
初四日壬辰往見權習讀于覺華寺聞義城令

賊焚蕩人心洶洶又入山云
二十五日甲申晴入見主倅江原道傳通自寧海來言賊氣向衰而不言戰勝事又有人自江陵來言京賊向衰將必盡滅云龍宮醴泉之言互有不同亦不可盡信
二十六日乙酉與子安出向安東中路冒大雨艱涉兔谷溪路見禮安書
二十七日丙戌入府見鄉任人及假將安汝止僉道源權欽義城李根晦自橫城來言樓院捕賊之事慶喜萬萬

死得歸之奇其人言楊州多平院之倭江原監司及右相諸公會鐵原勦擊殆盡云快哉夕有人傳言四方勤王之師合圍京城五匝而勝否未知云悶鬱

二十三日壬午雨朝權默以奉倅令來問江陵奇且見吳進士與李書言四方兵自十五日接戰八日勝戰盡誅之餘賊分散或向原州或向忠淸道踰鳥嶺還東萊令各道勤兵殲之云果信則太平萬歲慶喜如何終日大雨

二十四日癸未晴有人傳言龍宮醴泉等處倭

死云○義城賊移向軍威云而此言未知信
否子亭中路回言路逢義城官人自平山來
言賊侵留京者四擾兵將以十六日合兵鏖
之李學令公主議多殺賊云○李希程權山
起來過玉峯來言安撫使向安東收兵云
二十一日庚辰安撫使來 奉安所募置守護
軍三十名蓋慮其有不意之變也○朝聞李
景淹之子入縣榮川關內京賊多死殆盡殲
云而未知信否憫憫○午權士義兄過大雨
二十二日辛巳乍晴江陵人來傳正言家率官

番不可須臾離出仍同留十餘日○厥後復
聞尚州龍宮留倭數十名追奔至安東禮安
官門而返急急更陪 奉安于清凉濅洞
十九日戊寅聞安集使歸安東調兵擲石軍等
逃匿云奴輩歸子安歸本家云終日大雨山
中更無所聞
二十日己卯曉昌坪軍士李順希來言今日奉
化倅點考軍兵云又言初五日發自京城賊
倭入京後我國脅從者皆撤倭人自刈馬草
又無見糧外兵方逼故賊閉門自守殆將餓

堪也踰新羅峴至奉化則縣廨民舍蕩然空
虛雞犬亦無驚慘不忍見其日宿于金谷菴
僧多難容可悶夕省老母于沙店見安汝止
往末村柳裀柳仁榮金澈等自安東來云安
集使今夕當入奉化明向禮安欲合兵云又
言金士純令公爲招諭使云若得此人可以
成事是誠 國家之幸也
十八日丁丑午向禮安乃奉安 聖容於退溪
書堂洪子敬之妻父新構齋舍謂洪曰常時
則各參奉雖相遞番當此亂離時日固當合

於鋒鏑望風奔潰不勝駭痛
十六日乙亥留卜二馱於景泓家宣城知舊如
河陽及吳丈皆力勸還來關崝送人探問裵
山家則其人來報空虛令侄兒往奉城移妻
子自往關崝則路險且高盡日步行十顚九
倒艱難得達則權默家屬入已久矣不得已
回來宿于河九淵家朝到溫溪聞宏仲彥康
初一日出城逢賊倭僅免而來云
十七日丙子顚沛出險或親負 聖容背浮脚
痛一時交發而蒼黃竄避之際亦不知其難

人欲爲合力討賊而無主將且前日府使鄭熙績棄城時官家倉庫米布及軍器等物開門令民任意取去各縣倉穀一時空虛器械板蕩今雖欲調發軍兵閭里皆空軍糧亦無取辦鄭之罪可勝誅哉鄕所等曾無一人救止之皆竄伏不出痛憤柰何午後還向宣城主倅時未回還見琴河陽金同福雪月堂而欲往子敬所偶見吳景泓昏夕同來宿景泓家吳進士來見同宿○我國人東萊陷後自兵營至忠州皆不放一矢而撤去云人皆怮

塞竹嶺、鳥嶺等路俄聞宣城倅卽與趙馳往安集使處又聞慶判朴毅長來安東馳往欲與同事則朴公昨已還寧海乃折簡付渠奴子走歸寧海且作書安汝止呼權詮輩是夕宿奴允卜家家鄕事慘不忍見聞訛言相傳賊倭來閭里紛蕩人家氣焰可怕故人民奔竄擧皆褫魄莫保朝夕云○聞子敬奴持衣馱到溪上吾衣馱則在吉安李生員家云○慶人持祭器歸

十五日甲戌聞安東邑內擲石人羣聚五百餘

同又聞倭賊結黨或百餘人或數十人橫行
義城多仁咸昌聞焚蕩村舍虜掠婦女財産
只持槍劒而無他弓矢若我國人持弓矢則
奔避乞和○中之孝被傷云○宣城倅獨全
一境安堵如舊倉庫軍器皆依舊奇男子也
奇特奇特 宣倅卽申梧峯
十四日癸酉監司軍官趙判官鵬自青松來欲
得馬向尙州仍往咸安家山主倅不給吾亦
大言叱之勸主倅往見安集使金玏于榮川
倡義合兵討義城青松間零賊且連兵龍宮

初十日己巳溪澗漲溢如海人不通行
十一日庚午奴子得還上來聞縣人作亂欲打
鄕所○午與子敬欲尋林同不遇因雨止宿
于李景淹家
十二日辛未李希程希范來見午同子敬冒雨
向宣城止琴河陽避所宿隣家相議可往處
所
十三日壬申子敬與琴河陽同往溪上○朝呼
柏洞精舍僧惠雄議 奉安處所仍給木三
疋午向宣城子敬隨來同宿京奇則紛紜不

初八日丁卯朝踰一山始見老母及家屬於奉
化沙器店驚喜欲倒不覺悲泣○午權公亮
給穀十餘石朴靜吉來見洪子敬亦留
初九日戊辰大雨終日冒雨入奉化縣監黃是
忽遇相持痛哭給醬一甕米豆各一石且得
還上穀租十石太麥五石白米一石仍得負
御容之人與之飮食○午始詳聞 主上
三十日四更一點出新門至沙峴騎馬向平
壤 國事至此直仰天於邑柰何柰何○是
夜大雨山谷崩毁

初六日乙丑晴不得已謀欲向南郎與洪子敬
得引路者鄭千踰竹嶺欲向古峴逢權平昌
衙奴自南來言夜逢悍盜數十人刼奪衣糧
脫冠僅免故從間道南歸乃從谷中小路經
寧越社倉踰大小沙峴宿交陳里鋤音山家
聞南中盜賊大起晝夜攻刼人道路不通欲
尋老母親屬而不可得痛悶痛悶
初七日丙寅鄭千還歸給木半疋粟七斗以送
之踰大嶺都歷岾見琴而述汝若兄弟聞南
中聲息而述饋酒食止宿隣家

無戒嚴之備道路傳聞雖不可盡信號痛罔
極○午後軍士金應善自横城回言賊已涉
楊根沙灘至楊州忩吾里向京城云○慶人
院人皆欲離叛而去雖反覆曉喩不能止是
夜雨作欲留則糧絶欲往則道阻極悶極悶
初五日甲子雨午鄭千之子鄭莫同鄭希俊以
赴京軍回自楊根黃頭言平昌倅見榮川下
番軍士自京來傳申砬軍敗言念時事不覺
痛哭○原州平昌横城等官軍皆散去平昌
倅亦還官持印欲付郡人智奉事而逋去云

甚欣送人取粟于倉
初三日壬戌得公同自鹿谷言悍賊稱倭入寧
越郡郡人皆走匿得一掌務結縛杖打問主
倅妻屬之所在仍欲向旌善云〇夕聞平昌
官人昨自京來言 主上二十八日移御
命次王子守城云不覺痛哭
初四日癸亥朝聞榮川人自京馳過送人問奇
則乃金允謐也自云去月二十六日出城尋
小路間關南來中路聞 主上避御云問舍
弟家事亦不明言大槩 國事至此京城又

內痛哭自 上入繩鞋千部立馬五十匹將
欲入鐵原奉聞 國事寧欲溘然而背負
聖容亦不得自由只自西望痛哭而已路人
又傳言賊將入原州橫城云夕出宿郡前鐵
匠家夜大雨
五月初一日庚申冒雨率官人億卜向東面鹿
谷倉山路險惡宿鬱雲定虜衛金邦福家
初二日辛酉朝蒙雨露發行踰加峴又踰漆峴
人馬十步九顚艱難越險渡江炊食於營工
家午投杏林谷李溫家見榮川人鄭千相見

勸使速往原州欲往而還留者盡待監司回
報故也○巡察使關來二十五日尚州陷城
云
二十九日戊午夜二更防禦使欲向忠州中路
走回言忠州二十八日午時已陷城卽卽治
裝達夜奔馳朝行到神林驛聞江原監司入
原州以草笠單騎馳入橫城原州牧使亦棄
城走入山寺云夕到平昌縣謀奉入山
三十日己未自朝大雨平昌主倅給糧十斗仍
率軍往赴京城午見旌善倅鄭思伋言 闕

路或止山寺或止峽中民舍間關越嶺
二十三日壬子止山寺設卓奉 影幀
二十四日癸丑止峽中民舍擇淨處 奉安
二十五日甲寅過永春止於上縣
二十六日乙卯午到堤川聞 大駕西遷道路
日塞未由前進以此意稟報奉行節次于忠
清監司監司卽尹先覺也
二十七日丙辰留午主倅行奉審禮
二十八日丁巳留巳時主倅赴丹陽竹嶺○午
江原道防禦使文夢軒從事官朴慶新過此

罔知所措急奉 影幀令軍官一人荷擔先
走所棄儀仗無所處置不得已燒之痛泣痛
泣仍共向山谷欲東入周王山而軍官等稍
稍亡去乃結裹油芚載馬則守僕等以秣馬
事皆落後相失只有奴子一名守僕三名計
無奈何蒼黃昏悶之際逢義城縣令自兵營
交付單人還來勸使陪奉向某處初欲隱周
王山又欲隱星山又念賊人先鋒馳來物色
之際形跡太露不若從間道踰嶺上京故自
義城過安東而不入鄕家從榮川地山野小

二十二日辛亥到金谷驛人馬飢疲暫駐而來
慶州城陷狀啓過未及青路驛逢助防將只
帶軍官下去府使駐軍路傍交付事落後不
來仍爲防將所執而留參奉等只帶儀仗軍
十餘名軍官四五人上來過青路未及義城
五里程外府使送軍官走馬來報曰助防將
言昨日尚州咸昌軍四百餘名於仁同地爲
倭賊所害賊因向仁同須速速馳去云云仁
同相距只二息聞此言之後儀仗軍及軍官
等皆欲離散及到縣前則軍人皆散倉卒間

尹防禦使牒呈內二十日申時彥陽陷城云
○安東公事吏崔仇知還來言今日食時監
司爲賊所逐變服入伽倻山昨日午監司軍
官前虞候來焚大丘官廳司倉云○慶州往
來守僕言今日食時登山遙望慶州城內煙
焰漲天云府使相議曰賊已分左右道上來
左道已到慶州右道已到大丘則安東了路
恐有合攻之處當向何處商議久之蒼黃載
馬欲入青松山谷間而以日沒雲暗路險改
出大路過新寧達夜奔馳

取稟事牒呈付安東公事吏崔仇知送監司
道各官撥候傳通不來可悶
二十日己酉安東府使勸令移向上道而參奉
等對以昨日朝纔報營門姑待監司回報乃
行云○傳通不來朝守僕八九人以祭器祭
服負來事從間道往慶州
二十一日庚戌傳通不來南風大吹氣象荒唐
府使曰此似殺氣速速避去云而相與計議
之際河陽慶山等官文狀內傳通阻絶撥候
於清道則密陽已陷清道亦空云○慶州府

人陪來宿安康
十七日丙午到永川奉　安于館舍○夕龍宮
縣監禹伏龍率醴泉龍宮軍過住川邊○夜
安東判官率軍過
十八日丁未留郡守金潤國還自兵營○監司
關內賊將向竹嶺沿路各官設伏要害處村
民則鑿地藏財物持米鹽入山事知委而金
潤國聞門囚卒不通內外勸以送人間諜而
不能用○夕安東府使鄭熙績領軍來川邊
十九日戊申留○辰時參奉等道路奉行節目

十六日乙巳監司以梁山蔚山守定送助防將
並戰死兵使退彥陽賊鋒甚銳慶州府尹罔
知攸措以 眞殿影幀事報監司而回答不
來同任洪汝栗曰當埋置内殿潔地云吾以
陪向京城之意爭之則洪曰無 朝廷之命
不可陪向京城吾又爭之曰陪向京城固無
朝廷之命埋置 影幀果是 朝廷之命乎
既不能留待 朝廷指揮則埋置 聖容臣
子之所不忍爲若後有擅動之罪則吾請自
當遂決移奉之計參奉二人及守僕三十餘

任爲準而他官鄕參不無可議者以此爲準
亦似未安

壬辰日錄

萬曆壬辰四月十三日壬寅辰初聞倭船三百
餘隻現形於絶影島卽時下陸慶州府尹尹
仁涵領軍往蔚山獨留收軍不至
十四日癸卯朝聞十三日賊陷釜山浦鎭將死
焉兵使往蘇山云
十五日甲辰曉頭聞昨日午時賊又陷東萊府
使死之

3

지헌 임진일록
芝軒 壬辰日錄

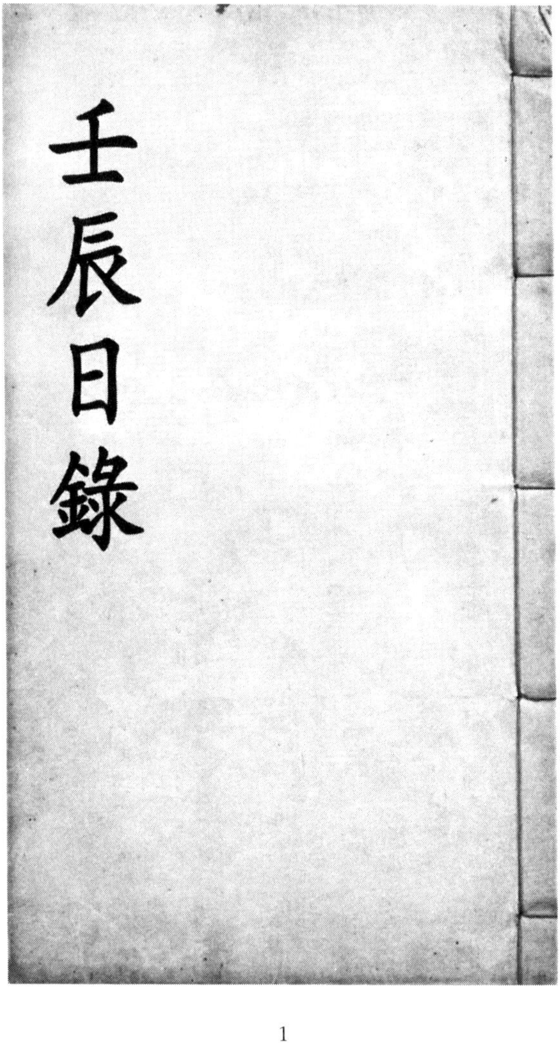

영인

지헌 임진일록(芝軒 壬辰日錄)

배수용피란사품보본도감사장(陪晬容避亂事稟報本道監司狀)

도제천품보충청감사장(到堤川稟報忠淸監司狀)

지헌 정선생행장(芝軒鄭先生行狀)

(《芝軒集》 권3 〈雜著〉, 권4 〈附錄〉, 한국국학진흥원 및 한국고전번역원 소장)

여기서부터 영인본을 인쇄한 부분입니다. 이 부분부터 보시기 바랍니다.

역주자 신해진(申海鎭)

경북 의성 출생
고려대학교 국어국문학과 및 동대학원 석·박사과정 졸업(문학박사)
전남대학교 제23회 용봉학술상(2019)
현재 전남대학교 인문대학 국어국문학과 교수

저역서 『양대박 창의 종군일기』(보고사, 2021)
『북천일록』(보고사, 2020)
『토역일기』(보고사, 2020)
『북행일기』(보고사, 2020)
『요해단충록 (1)~(8)』(보고사, 2019, 2020)
『건주기정도기』(보고사, 2017)
『심양사행일기』(보고사, 2013)
『선양정 진사일기』(보고사, 2020)
『괘일록』(보고사, 2020)
『후금 요양성 정탐서』(보고사, 2020)
『심행일기』(보고사, 2020)
『무요부초건주이추왕고소략』(역락, 2018)
『심양왕환일기』(보고사, 2014)
이외 다수의 저역서와 논문

지헌 임진일록 芝軒 壬辰日錄
2021년 4월 19일 초판 1쇄 펴냄

지은이 정사성
역주자 신해진
펴낸이 김흥국
펴낸곳 도서출판 보고사

책임편집 이경민
표지디자인 손정자

등록 1990년 12월 13일 제6-0429호
주소 경기도 파주시 회동길 337-15 보고사 2층
전화 031-955-9797(대표)
02-922-5120~1(편집), 02-922-2246(영업)
팩스 02-922-6990
메일 kanapub3@naver.com/bogosabooks@naver.com
http://www.bogosabooks.co.kr

ISBN 979-11-6587-167-3 93910

정가 14,000원